# CGP takes the Angst out of GCSE German!

It's no secret that GCSE German can be pretty challenging, and the latest Grade 9-1 exams are tougher than ever. But don't worry — help is at hand...

This brilliant CGP Workbook is packed full of exam-style reading, writing and listening questions, with free online audio files available from here:

www.cgpbooks.co.uk/GCSEGermanAudio

We've also added plenty of grammar questions to check you know your pronouns from your prepositions. So you'll be cracking through exam questions fluently in no time!

# CGP — still the best! ☺

Our sole aim here at CGP is to produce the highest quality books — carefully written, immaculately presented, and dangerously close to being funny.

Then we work our socks off to get them out to you — at the cheapest possible prices.

# CONTENTS

# CONTENTS

Published by CGP

*Editors:*
Lucy Forsyth
Heather M<sup>c</sup>Clelland
Ali Palin

*Contributors:*
Miriam Mentel
Ben Merritt
Gaynor Tilley

With thanks to Glenn Rogers, Pat Dunn and Margit Grassick for the proofreading.
With thanks to Ana Pungartnik for the copyright research.

*Acknowledgements:*

*Audio produced by Naomi Laredo of Small Print.*

*Recorded, edited and mastered by Graham Williams of The Speech Recording Studio,*
*with the assistance of Andy Le Vien at RMS Studios.*

*Voice Artists:*
*Bernd Bauermeister*
*Oliver Janesh Christiansen*
*Lena Lohmann*
*Indira Varma*

*AQA material is reproduced by permission of AQA.*

*Abridged and adapted extract from 'Hansi', on page 61, by Ida Frohnmeyer.*

*Abridged and adapted extract from 'Woher die Kindlein kommen', on page 61, by Hans Hoppeler.*

*Abridged and adapted extract from 'Frühlings Erwachen', on page 62, by Frank Wedekind.*

*Abridged and adapted extract from 'Im Westen nichts Neues', on page 108 and in audio tracks, by Erich Maria Remarque.*
*© 1929 by the Estate of the late Paulette Remarque. © 1959, 2014, Verlag Kiepenheuer & Witsch GmbH & Co. KG, Köln.*

*Every effort has been made to locate copyright holders and obtain permission to reproduce sources. For those sources where it has been*
*difficult to trace the originator of the work, we would be grateful for information. If any copyright holder would like us to make an*
*amendment to the acknowledgements, please notify us and we will gladly update the book at the next reprint. Thank you.*

ISBN: 978 1 78294 553 6
Printed by Elanders Ltd, Newcastle upon Tyne.
Clipart from Corel®

# Numbers

**1** Schreib diese Nummer auf **Deutsch**.

**1 a** Nineteen .......................................................................................................

**1 b** Twenty-five .......................................................................................................

**1 c** Forty-six ....................................................................................... *[3 marks]*

**2** Read the directions provided on a theatre's website. Answer the questions in **English**.

> Von der Stadtmitte aus kann man das Theater in fünfzehn Minuten zu Fuß erreichen. Man nimmt die zweite Straße links nach dem Rathaus. Dann geht man ungefähr dreißig Meter die Straße entlang, bis man zum Kino kommt. Man muss danach die dritte Straße rechts nehmen. Das Theater befindet sich auf der linken Seite.
>
> Man kann auch mit dem Auto dahin fahren. Es gibt einen großen Parkplatz, der nur fünfundfünfzig Meter vom Theater entfernt ist. Das ist sehr praktisch. Man muss aber über zehn Euro pro Stunde für das Parken zahlen.

**2 a** How long does it take to walk from the town centre to the theatre? ......................... *[1 mark]*

**2 b** Which street do you take after the cinema? .................................................. *[1 mark]*

**2 c** How far is the car park from the theatre? .................................................. *[1 mark]*

**2 d** How much does parking cost per hour? .................................................. *[1 mark]*

**3** Listen to these teenagers talking about their part-time jobs. Answer the questions in **English**.

**3 a** How many hours does Clarissa work a week? ...................................... *[1 mark]*

**3 b** How much does Clarissa earn an hour? ...................................... *[1 mark]*

**3 c** How many hours does Stefan work each month? ...................................... *[1 mark]*

**3 d** How many bread rolls do they bake each morning? ...................................... *[1 mark]*

Score: ☐ / **11**

# Times and Dates

**1** Read the messages Maria sent to her friend while waiting for her boyfriend. Answer the questions in **English**.

> **Maria:** Hey, wie geht's? Ich langweile mich total — ich bin um Viertel nach sieben mit Ethan verabredet, aber ich warte schon seit fast einer halben Stunde und er ist immer noch nicht da.

> **Dani:** Das ist ja ärgerlich!

> **Maria:** Ich weiß! Letzten Dienstag wollten wir zusammen ins Kino gehen. Der Film war um acht Uhr. Ethan ist erst um zwanzig vor neun angekommen!

> **Dani:** Manche Leute sind so. Wie lange wirst du heute warten?

> **Maria:** Ich warte bis Viertel nach acht, dann gehe ich nach Hause. Um halb zehn kommt meine Lieblingssendung im Fernsehen — die will ich nicht verpassen!

**1 a** What time had Maria and Ethan planned to meet? ............................................... *[1 mark]*

**1 b** How long has Maria been waiting? ............................................................. *[1 mark]*

**1 c** What time was the film last week? ............................................................. *[1 mark]*

**1 d** When did Ethan finally arrive? ............................................................. *[1 mark]*

**1 e** What time is Maria's favourite programme on? ...................................... *[1 mark]*

**2** Translate the following passage into **German**.

> I go to the cinema on Saturdays. Last week I watched a comedy. At the weekend I go swimming. The day after tomorrow I will go shopping.

..................................................................................................................

..................................................................................................................

..................................................................................................................

..................................................................................................................

*[6 marks]*

**3** Read what these two people wrote in a forum about holidays. Identify the people.
Write **A (Anka)**, **B (Ben)** or **A + B (Anka and Ben)**.

| Wann fährst du in Urlaub? | | | |
|---|---|---|---|
| Anka | Jeden März gehe ich in den Alpen mit meiner Familie wandern. Ich finde es schön, im Frühling im Urlaub zu sein, weil es nicht so viele Touristen gibt. Im Sommer würde ich nie Ferien machen. Ein Freund von mir macht jeden Winter Urlaub, das finde ich auch schrecklich! | Ben | Es kommt darauf an. Letztes Jahr bin ich im August nach Spanien geflogen. Das war super, weil ich das Sommerwetter liebe. Dieses Jahr werde ich vielleicht im April nach Frankreich fahren. Ein Frühlingsurlaub macht immer Spaß. Ich würde gern im Dezember Ski fahren — das wäre wirklich toll! |

**3 a** Who likes going on holiday in summer? ☐ *[1 mark]*

**3 b** Who goes on holiday at the same time of year every year? ☐ *[1 mark]*

**3 c** Who enjoys spring holidays? ☐ *[1 mark]*

**3 d** Who would like to go on holiday in winter? ☐ *[1 mark]*

**4** Max spricht über seine Pläne für das kommende Jahr.
Ergänze die Tabelle auf **Deutsch** mit den richtigen Daten.

| | Aktivität | Datum |
|---|---|---|
| **Example:** | Ausflug nach Berlin | 3. Januar |

| | Aktivität | Datum |
|---|---|---|
| **4 a** | Geburtstagsfeier | |
| **4 b** | Besuch von seinem Bruder | |
| **4 c** | Urlaub in der Schweiz | |
| **4 d** | Konzert in Leipzig | |

*[4 marks]*

Score: ☐ **/19**

# Opinions

**1** Read this review of a restaurant that Fynn posted online.
Which **four** statements are true? Write the correct letters in the boxes.

> Letzte Woche habe ich das neue Restaurant in unserer Stadt ausprobiert. Ich wollte
> dahin gehen, weil alle darüber reden. Meine Kollegen bei der Arbeit halten das Restaurant
> für ausgezeichnet. Leider stimme ich nicht zu. Das Essen war meistens furchtbar.
> Normalerweise mag ich Fisch sehr, aber ich habe den Fisch im Restaurant sehr schlecht
> gefunden. Der Salat hat mir auch nicht geschmeckt. Nur das Schokoladeneis hat mir
> gefallen. Schokolade mag ich immer sehr. Die Leute, die im Restaurant arbeiten, waren
> äußerst unsympathisch und unhöflich. Glücklicherweise war das Essen nicht sehr teuer.
> Sehr günstig war es aber auch nicht. Ich würde das Restaurant nicht empfehlen.

| A | Everyone says that the restaurant is awful. |
|---|---|
| B | Fynn's colleagues think that the restaurant is excellent. |
| C | Fynn agrees with his colleagues about the restaurant. |
| D | Most of the food was awful. |
| E | Fynn liked the ice cream but not the salad. |
| F | Fynn never normally likes chocolate. |
| G | The restaurant staff were polite and friendly. |
| H | The food wasn't very expensive. |

☐ ☐ ☐ ☐

*[4 marks]*

**2** Rory and Priya are making plans for the weekend. Listen to
their phone conversation and answer the questions in **English**.

**2 a** Why doesn't Rory want to play badminton?

...................................................................................................................... *[1 mark]*

**2 b** What does Priya think of swimming?

...................................................................................................................... *[1 mark]*

**2 c** What did Priya's sister think of the new film?

...................................................................................................................... *[1 mark]*

**2 d** What does Rory say about the previous film?

...................................................................................................................... *[1 mark]*

**3** Read this chatroom conversation about hobbies.
Fill in the grid in **English** with the correct activities.

> **Leonie:** In meiner Freizeit lese ich gern Krimis, weil sie immer so spannend sind. Wenn ich ein gutes Buch finde, lese ich stundenlang.
>
> **Paul:** Lesen mag ich nicht. Ich gehe viel lieber ins Theater. Das ist immer fantastisch für mich, weil ich Schauspieler werden möchte.
>
> **Clara:** Ich stimme nicht zu. Es gibt nichts Besseres, als nach einem schwierigen Tag einen Film anzuschauen. Filme sind toll, weil man sie entweder mit Freunden oder alleine sehen kann.

**Example:**

|  | Likes... | Reason |
|---|---|---|
| Leonie | reading thrillers | They are exciting. |

|  | Likes... | Reason |
|---|---|---|
| Paul |  |  |
| Clara |  |  |

*[2 marks]*

*[2 marks]*

**4** Translate the following passage into **German**.

> When I was younger I liked rock music, but now I like pop music. My favourite singer is called Anja Lan. I think that she is great because her music is fantastic. I believe that she is a nice person and in my opinion she is beautiful. I would like to go to her concert next year.

..................................................................................................................................................

..................................................................................................................................................

..................................................................................................................................................

..................................................................................................................................................

..................................................................................................................................................

..................................................................................................................................................

..................................................................................................................................................

*[12 marks]*

Score: [    ] **/24**

 [    ]   [    ]   [    ]

Section 1 — General Stuff

# About Yourself

**1**  Four people are introducing themselves on an Internet forum. Identify the
correct person. Write **L** for **Lily**, **J** for **Jan**, **C** for **Cem**, or **G** for **Grace**.

| | |
|---|---|
| **Lily:** | Ich komme aus Bonn in Deutschland, aber jetzt wohne ich in der Schweiz. Ich wohne dort seit mehr als zehn Jahren. |
| **Jan:** | Das ist interessant. Ich bin in der Schweiz geboren, aber ich wohne nicht mehr dort. Ich würde gern dorthin zurückkehren. |
| **Cem:** | In der Schweiz war ich noch nie. Ich studiere an der Universität in Aachen in Westdeutschland und wohne da in der Nähe. |
| **Grace:** | Aachen ist mein Geburtsort! Ich wurde vor zwanzig Jahren dort geboren. Ich fahre oft dahin, um meine Eltern zu besuchen. |

**1 a**    Who lives in the west of Germany?                           ☐

*[1 mark]*

**1 b**    Who is twenty years old?                                    ☐

*[1 mark]*

**1 c**    Who currently lives in Switzerland?                         ☐

*[1 mark]*

**1 d**    Who was born in Aachen?                                     ☐

*[1 mark]*

**2**    Bruno is introducing himself. Answer the questions in **English**.

**2 a**    What is Bruno's last name?

.................................................................................................... *[1 mark]*

**2 b**    Where does Bruno's mother come from?

.................................................................................................... *[1 mark]*

**2 c**    When is Bruno's birthday?

.................................................................................................... *[1 mark]*

**2 d**    What does Bruno like about where he lives? Give **one** detail.

.................................................................................................... *[1 mark]*

**3** Leon hat einen Text über seine Familie für die Schülerzeitung geschrieben. Beantworte die Fragen auf **Deutsch**.

Vor fünf Jahren wohnte ich mit meinem Vater und meiner Mutter in einer Wohnung in Heidelberg, wo ich geboren bin. Für mich war alles wunderbar — ich hatte in der Schule viele Freunde und Heidelberg war hübsch, mit viel zu tun.

Meine Großmutter, die achtzig Jahre alt ist und in Berlin wohnt, wurde ganz krank. Wir mussten deswegen umziehen und jetzt wohnen wir zusammen in der Hauptstadt.

Ich vermisse natürlich meine Freunde in Heidelberg und am Anfang war ich sehr traurig, aber das Leben hier in Berlin ist sogar noch besser als in Heidelberg. Meine Familie ist auch wichtiger als meine Freunde und ich kann mit ihnen jeden Tag online sprechen.

**3 a** Warum fand Leon seinen alten Wohnort positiv? Gib **zwei** Details.

.................................................................................................................. *[2 marks]*

**3 b** Warum musste die Familie nach Berlin umziehen?

.................................................................................................................. *[2 marks]*

**3 c** Wie findet Leon das Leben in Berlin?

.................................................................................................................. *[1 mark]*

**4** Translate the following passage into **German**.

My name is Martin and my nickname is Mart. I live in Dresden, but I was born in Scotland near to Glasgow. I would like to live in Berlin. I am nineteen years old and my birthday is in October. I have to spell my surname quite often because it is very strange.

..................................................................................................................

..................................................................................................................

..................................................................................................................

..................................................................................................................

..................................................................................................................

..................................................................................................................

..................................................................................................................

*[12 marks]*

Score: ☐ **/25**

Section 2 — Me, My Family and Friends

# My Family

**1** Rasheed spricht über seine Familie für ein Schulprojekt. Beantworte die Fragen auf **Deutsch**.

**1 a** Wie alt ist Rasheeds Vater?

..................................................................................................................... *[1 mark]*

**1 b** Wer ist immer ernst?

..................................................................................................................... *[1 mark]*

**1 c** Wie viele Geschwister hat Rasheed?

..................................................................................................................... *[1 mark]*

**1 d** Wie findet Rasheed seinen Bruder Abdul? Gib **ein** Detail.

..................................................................................................................... *[1 mark]*

**2** Translate the following passage into **German**.

> I have a very big family and I find that great. My brother Jakob is fifteen years old and we get on well. My parents are called Emil and Kirsten. Although she is younger than me, my sister is very adventurous. I love my grandmother but sometimes she gets on my nerves because she is so old-fashioned!

.....................................................................................................................

.....................................................................................................................

.....................................................................................................................

.....................................................................................................................

.....................................................................................................................

.....................................................................................................................

.....................................................................................................................

*[12 marks]*

**Score:** ......../ **16**

Section 2 — Me, My Family and Friends

# Describing People

**1** Translate the following passage into **English**.

> Wir wohnen in einem Dorf in der Nähe von Swansea.  Meine Frau, die
> Saskia heißt, ist sechsunddreißig Jahre alt und hat kurze, lockige, schwarze
> Haare.  Sie hat auch große, braune Augen und ich glaube, dass sie sehr
> hübsch ist.  Wir streiten uns nie und sie wird immer für mich sorgen.

.......................................................................................................................

.......................................................................................................................

.......................................................................................................................

.......................................................................................................................

.......................................................................................................................

.......................................................................................................................

*[9 marks]*

**2** Christina was asked to describe her best friend for a school project.
Which **three** statements are true?  Write the correct letters in the boxes.

| | |
|---|---|
| A | Christina was eleven years old when she first spoke to Karine. |
| B | Christina and Karine did not like each other at first. |
| C | Christina has never liked Karine's hair. |
| D | Karine now wears glasses. |
| E | Karine's hair is fashionable at the moment. |
| F | Christina doesn't see much of Karine any more. |

*[3 marks]*

Section 2 — Me, My Family and Friends

10

**3** Read the email Nadine wrote about her family. Answer the questions in **English**.

> Hey Asha,
> In deiner letzten E-Mail hast du gefragt, wie meine Familienmitglieder aussehen. Na ja, wir sind alle sehr verschieden. Mein Bruder, Daniel, ist schon der Größte in der Familie, obwohl er erst sechzehn ist. Er hat lange, dunkle Haare und trägt immer schwarze Klamotten. Er möchte eine Tätowierung haben, aber unsere Mama hat ihm das verboten! Lea, meine Schwester, ist sehr klein und ziemlich dünn, weil sie viermal in der Woche Sport treibt. Ich hätte ganz gern Haare wie sie — sie hat lange, glatte Haare. Sie mag ihre Sommersprossen nicht, aber ich finde sie ganz hübsch.
>
> Meine Mama ist größer als mein Papa, was ein bisschen ungewöhnlich ist. Wie ich hat sie braune Augen, aber ihre Haare sind heller als meine. Mein Papa hat einen langen, grauen Bart, was ich schrecklich finde!
>
> Ich würde gern mehr über deine Familie wissen — schreib mir bald zurück!
> Nadine

**3 a** What does Nadine's brother look like? Give **one** detail.

........................................................................................................ *[1 mark]*

**3 b** What doesn't Lea like about her appearance?

........................................................................................................ *[1 mark]*

**3 c** What do Nadine and her mother have in common?

........................................................................................................ *[1 mark]*

**4** Translate the following passage into **German**.

> I like my green eyes, but I hate my short, brown hair. My sister has curly hair, and I find that pretty. In the summer, I have freckles. In the future, I want a tattoo because they are beautiful.

........................................................................................................

........................................................................................................

........................................................................................................

........................................................................................................

........................................................................................................

*[8 marks]*

Score: ____ **/23**

Section 2 — Me, My Family and Friends

# Personalities

**1** Read the following interview, which was carried out at your German partner school. Which **four** statements are true? Write the correct letters in the boxes.

| | |
|---|---|
| Anna: | Wie waren deine Lehrer als du jung warst, Salma? |
| Salma: | Die Grundschule war für mich eine tolle Zeit, weil meine Lehrerin, die Frau Schwarz hieß, jeden Tag gut gelaunt war. Sie hat sich immer gut um uns gekümmert. |
| Anna: | Wie süß! Und jetzt, in der Realschule? |
| Salma: | Im Gegensatz dazu sind meine Lehrer heute meistens streng und humorlos. Herr Salzmann, mein Biologielehrer, ist besonders schlecht gelaunt und geht mir auf die Nerven. Meiner Meinung nach ist er arrogant, was richtig ärgerlich ist. |
| Anna: | Und was wird nächstes Jahr passieren? |
| Salma: | Hoffentlich werde ich ab September Biologie nicht mehr lernen müssen. Ich will Physik mit Herrn Liebermann lernen. Er wird glücklicher und geduldiger sein! |

| | |
|---|---|
| A | Anna wants to know about Salma's friends. |
| B | Salma did not enjoy her time at primary school. |
| C | Salma thinks that a teacher's mood can have a big effect. |
| D | Salma is currently at university. |
| E | Many of Salma's teachers have a great sense of humour. |
| F | Salma doesn't like her biology teacher. |
| G | Salma hopes to learn physics from September. |
| H | Mr Salzmann is less patient than Mr Liebermann. |

[4 marks]

**2** Listen to the following podcast about what people look for in a friend. Answer the questions in **English**.

**2 a** According to the report, what is the most important characteristic that people seek?

.................................................................................................................... [1 mark]

**2 b** What percentage of those surveyed find humour important?

.................................................................................................................... [1 mark]

**2 c** Which quality is said to be more important than being hard-working?

.................................................................................................................... [1 mark]

Score: [ ] /7

# Relationships

**1**   Read the conversation in a chatroom between three young people about their relationships with different family members.

> **Elyas:**   Als ich jünger war, habe ich mit meinen Eltern fast jeden Tag gestritten. Jetzt ist alles nicht immer besser, aber ich verstehe mich sehr gut mit meinem Cousin.
>
> **Birgit:**   Im Moment habe ich ein schlechtes Verhältnis mit meiner Großmutter, weil sie oft gemein ist. Glücklicherweise ist meine Stiefschwester immer für mich da.
>
> **Noah:**   Ich habe einen Sohn und wir streiten uns nie, weil er immer noch sehr jung und süß ist. Ich finde meinen Halbbruder ziemlich ärgerlich und ich hoffe, dass wir in Zukunft miteinander besser auskommen werden.

Fill in the **four** gaps in the grid in **English** to show which relationships are **positive** and which are **negative**.

|  |  | Positive | Negative |
|---|---|---|---|
| **Example:** | Elyas | cousin | parents |
|  | Birgit |  |  |
|  | Noah |  |  |

*[4 marks]*

**2**   Translate the following passage into **German**.

> I get on badly with my mother. We often argue, and I think she doesn't support me. I have a good relationship with my half-brother, and our friendship is very important to me. He always looks after me. However, my younger sister gets on my nerves because she is selfish.

...............................................................................................................................................................

...............................................................................................................................................................

...............................................................................................................................................................

...............................................................................................................................................................

...............................................................................................................................................................

...............................................................................................................................................................

*[12 marks]*

Score: [    ] /16

Section 2 — Me, My Family and Friends

 [  ]    [  ]    [  ]

# Partnership

**1**   Hör die Radiosendung über Hochzeiten.  Was meinen diese Menschen?

Schreib **P** für eine **positive** Meinung.
Schreib **N** für eine **negative** Meinung.
Schreib **P + N** für eine **positive und negative** Meinung.

**1 a**   Yumi

*[1 mark]*

**1 b**   Ulrika

*[1 mark]*

**1 c**   Kobe

*[1 mark]*

**2**   Read this newspaper article about families in Germany.

> Eine neue Umfrage hat gezeigt, dass die typische deutsche Familie heute ganz anders aussieht, als vor zwanzig Jahren.  Eine Familie mit einem Vater, einer Mutter und zwei Kindern ist nicht mehr der „Standard"; es gibt jetzt verschiedene mögliche Familienarten.
>
> Ungefähr 20% der Befragten sind Alleinerziehende.  Den Ergebnissen zufolge sind Alleinerziehende meistens Frauen: 80% im Vergleich zu 20% für Männer.  Laut der Umfrage hat Berlin mehr Familien mit nur einem Elternteil als alle anderen Bundesländer.
>
> Es gibt auch immer mehr Menschen in gleichgeschlechtlichen Beziehungen, die Kinder haben.  Sie bilden fast 5% aller Befragten.

Write **T** if the statement is **true**.  Write **F** if the statement is **false**.
Write **NT** if the statement is **not in the text**.

**2 a**   Families in Germany today look exactly the same as they did twenty years ago.

**2 b**   Traditional families tend to have a higher income.

**2 c**   Around 20% of those who responded were single parents.

**2 d**   Berlin has fewer single-parent families than any other German state.

**2 e**   There are more female same-sex partnerships than male.

**2 f**   Over 5% of those who responded were in same-sex partnerships and had children.

*[6 marks]*

**Score:**      **/9**

**Section 2 — Me, My Family and Friends**

# Music

**1** Moritz is talking to his friends about the instruments they play.
Listen to the conversation and complete the sentences in **English**.

**1 a** Moritz plays ............................................................. .  *[1 mark]*

**1 b** Eniola is learning ....................................................... .  *[1 mark]*

**1 c** Leon can play ........................................................... .  *[1 mark]*

**1 d** Seema plays ............................................................ .  *[1 mark]*

**2** Translate the following passage into **English**.

> Ich möchte Popstar werden, aber meine Eltern finden die Idee entsetzlich. Ich spiele seit fünf Jahren Klavier und ich habe eine der besten Stimmen in der Schule. Außerdem habe ich ein Lied geschrieben und mein Bruder hat die Musik komponiert. Er ist echt musikalisch und kann Geige spielen. Wir haben Musik im Blut.

....................................................................................................

....................................................................................................

....................................................................................................

....................................................................................................

....................................................................................................

....................................................................................................

....................................................................................................

*[9 marks]*

**3** Translate the following passage into **English**.

> Letzte Woche gab es ein großes Konzert in Berlin und ich bin mit meinen Freunden
> dorthin gefahren. Unsere Lieblingsband hat gespielt — das war sehr spannend.
> Ich finde Livemusik ganz toll, deswegen besuche ich oft Konzerte. Am besten
> gefällt mir Rockmusik und in der Zukunft möchte ich Elektrogitarre spielen lernen.

.................................................................................................................................

.................................................................................................................................

.................................................................................................................................

.................................................................................................................................

.................................................................................................................................

.................................................................................................................................

*[9 marks]*

**4** Translate the following passage into **German**.

> I used to like pop music, but now I like listening to classical music
> every day. In my opinion, it is marvellous, but I can't stand folk music.
> My favourite piece is 'For Elise'. Beethoven wrote the piece and he was
> also an outstanding piano player. I would like to learn to play the piano.

.................................................................................................................................

.................................................................................................................................

.................................................................................................................................

.................................................................................................................................

.................................................................................................................................

.................................................................................................................................

.................................................................................................................................

*[12 marks]*

**Score:** ⬚ **/34**

**Section 3 — Free-Time Activities**

# Cinema

 **1** Listen to this news report about the actor Franz von Oberfranz.
Which **three** statements are true? Write the correct letters in the boxes.

| | |
|---|---|
| A | Franz has given up acting. |
| B | He only acts in action films. |
| C | He was born in a city in Austria. |
| D | He went to America before the age of ten. |
| E | His first major success was an action film. |
| F | He has won a lot of prizes. |

☐ ☐ ☐

*[3 marks]*

**2** Translate the following passage into **German**.

> I go to the cinema at least once a month. On Friday evening, I'm
> going there with my friend Anna. She wants to see a romantic film,
> but I don't feel like it. In her opinion, it will be fun. I find romantic films
> boring and would rather watch an action film. I also like horror films.

...........................................................................................................................................

...........................................................................................................................................

...........................................................................................................................................

...........................................................................................................................................

...........................................................................................................................................

...........................................................................................................................................

...........................................................................................................................................

*[12 marks]*

Score: ☐ /15

Section 3 — Free-Time Activities

 ☐  ☐ ☐

# TV

**1**  Lies das Fernsehprogramm eines deutschen Senders.

| | |
|---|---|
| **15:00** | Tagesthemen — *Nachrichten* |
| **15:30** | Meine dumme Familie — *Komödie* |
| **17:05** | Die Bremmens — *Zeichentrickserie* |
| **17:45** | Huck — *Krimiserie aus Amerika* |
| **18:15** | Keine Ahnung — *Quizshow* |
| **19:00** | Ich wüsste gern... Antibiotika: Die Wahrheit — *Wissensmagazin* |
| **20:00** | Leben und Lieben im Dorf — *Seifenoper* |

Welche Sendung sollten die folgenden Menschen sehen? Ergänze die Lücken.

**1 a**  Rico beantwortet gern Fragen. Er sollte ................................................... sehen. *[1 mark]*

**1 b**  Sara will etwas Lustiges sehen. ........................................... ist für sie. *[1 mark]*

**1 c**  Britta ist fünf Jahre alt. ........................................... ist die beste Wahl. *[1 mark]*

**2**  Translate the following passage into **German**.

> My friend watches three hours of television every day, but I think that
> it's bad for your health. Nevertheless, I like to watch TV now and again.
> I watch documentaries because you can learn a lot. Yesterday, I
> watched a very funny programme. Tomorrow, I will watch a soap opera.

........................................................................................................................

........................................................................................................................

........................................................................................................................

........................................................................................................................

........................................................................................................................

........................................................................................................................

........................................................................................................................

*[12 marks]*

Score: ☐ / **15**

**Section 3 — Free-Time Activities**

# Food

**1** Du bist am Marktplatz und hörst einen Verkäufer. Wähle die richtige Antwort.

**1 a** Wie viel kostet eine Ananas?

| A | 2,50 € |
|---|--------|
| B | 3 € |
| C | 3,50 € |

*[1 mark]*

**1 b** Wie viel kosten die Weintrauben pro Kilo?

| A | 3 € |
|---|------|
| B | 4 € |
| C | 5 € |

*[1 mark]*

**1 c** Wie viel kosten drei Zwiebeln?

| A | 0,75 € |
|---|--------|
| B | 2,25 € |
| C | 2,40 € |

*[1 mark]*

**2** Du liest diese Beiträge in einem Forum zum Thema „Essen". Wähle die richtige Person. Schreib **A** (**Alina**), **B** (**Berndt**) oder **A + B** (**Alina und Berndt**).

| Ist gesundes Essen wichtig für Sie? | | | |
|---|---|---|---|
| Alina  | Ich versuche immer, gesund zu essen. Mein ganzes Leben lang bin ich Vegetarierin gewesen. Ich finde das gesünder, als viel Fleisch zu essen. | Berndt  | Theoretisch würde ich gern gesund essen, aber leider habe ich oft nicht genug Zeit. Ich arbeite lange Schichten und nachher habe ich keine Lust mehr, etwas zu kochen. |

**2 a** Wer ist zu beschäftigt, um gesund zu essen?

**2 b** Wer isst kein Fleisch?

| Essen Sie gern mit anderen Leuten? | | | |
|---|---|---|---|
| Alina  | Für mich können Mahlzeiten eine wichtige soziale Aktivität sein. Ich esse oft mit meinen Freundinnen in der Stadt, was immer schön ist. | Berndt  | Meiner Meinung nach macht es mehr Spaß, wenn man mit anderen isst. Dann kann man plaudern und etwas zusammen genießen. Ich esse gern in Restaurants. |

**2 c** Wem gefällt es, mit anderen zu essen?

*[3 marks]*

Score: ☐ /6

 ☐  ☐  ☐  ☐

# Eating Out

**1** Translate the following passage into **English**.

> Ich bin Veganer: das heißt, dass ich weder Fleisch noch Milchprodukte esse. Leider ist es schwierig, veganisches Essen in Restaurants zu finden. Letzte Woche hatte mein Bruder Geburtstag und wir haben in einem italienischen Restaurant gegessen. Ich konnte nur einen Salat bestellen. Ich hoffe, dass es in Zukunft mehr Auswahl für Veganer geben wird.

......................................................................................................................................

......................................................................................................................................

......................................................................................................................................

......................................................................................................................................

......................................................................................................................................

......................................................................................................................................

......................................................................................................................................

*[9 marks]*

**2** Listen to the following conversation between three people at a restaurant. Answer the questions in **English**.

**2 a** Why has Herr Hoffmann come back to the restaurant?

.................................................................................................................... *[1 mark]*

**2 b** Give **two** details about the table Herr Hoffmann asks for.

.................................................................................................................... *[2 marks]*

**2 c** Which dish does the waitress recommend?

.................................................................................................................... *[1 mark]*

**2 d** What is Herr Hoffmann's colleague allergic to?

.................................................................................................................... *[1 mark]*

Score: ⬚ **/14**

 ⬚     ⬚     ⬚

# Sport

**1** Read the following article about the athlete Luca Breher.
Which **four** statements are true? Write the correct letters in the boxes.

---

Das Talent des Leichtathleten Luca Breher entdeckte man früh. Sobald er laufen gelernt hatte, wollte er überallhin sprinten. In der Schule konnte er schneller als alle anderen laufen, darunter die älteren Schüler, und deswegen hat sein Sportlehrer ihm empfohlen, an Wettrennen teilzunehmen. Luca gibt zu, dass er am Anfang Angst vor Wettbewerben hatte: „Das erste Mal war ich sehr nervös, aber dann ging es mir besser. Man gewöhnt sich schnell daran, und will einfach sein Bestes geben", meinte er in einem aktuellen Interview.

Besonders begabt ist Luca für den 100-Meter-Lauf, er kann aber ebenfalls die 200-Meter-Distanz äußerst schnell laufen. Um sich fit zu halten, übt er auch andere Sportarten, wie zum Beispiel Fußball und Basketball, was ihm viel Spaß macht.

In der Zukunft möchte Luca natürlich einen neuen Weltrekord für den 100-Meter aufstellen. Sein Trainer glaubt aber, dass Luca bis dahin seine Technik noch verbessern muss.

---

| A | Luca's talent for sprinting was discovered when he was young. |
| B | Only the older students could run faster than Luca. |
| C | Luca's PE teacher encouraged him to compete in races. |
| D | Luca is still very nervous before each race. |
| E | The 100-metre sprint is one of Luca's strongest events. |
| F | Luca isn't good at any other distances. |
| G | Luca doesn't enjoy team sports. |
| H | Luca is not yet ready to set a new world record. |

*[4 marks]*

---

**2** Listen to Lisa and Hassan making plans for the weekend.
Answer the questions in **English**.

**2 a** Where does Hassan suggest they go on Saturday?

........................................................................................................................ *[1 mark]*

**2 b** What activity does Hassan want to do?

........................................................................................................................ *[1 mark]*

**2 c** Why does Hassan suggest bringing their own food with them?

........................................................................................................................ *[1 mark]*

**2 d** What arrangements do they make? Give **two** details.

........................................................................................................................ *[2 marks]*

---

Section 3 — Free-Time Activities

**3** Translate the following passage into **English**.

> Sport gefällt mir sehr gut. Als ich jung war, schwamm ich gern. Jetzt gehe ich zweimal pro Woche segeln und mein Lieblingssport ist Windsurfen. Letztes Wochenende bin ich mit meinen Freunden schwimmen gegangen und es hat viel Spaß gemacht. Wenn ich älter bin, möchte ich Wasserskilaufen probieren. Das wäre echt toll!

..............................................................................................................................................

..............................................................................................................................................

..............................................................................................................................................

..............................................................................................................................................

..............................................................................................................................................

..............................................................................................................................................

*[9 marks]*

**4** Translate the following passage into **German**.

> I don't enjoy doing sport, but my brother is sporty. The leisure centre is near our house, and he goes there almost every day. Yesterday he went swimming there with his friends. Tomorrow he will go there to play badminton. I prefer to watch television.

..............................................................................................................................................

..............................................................................................................................................

..............................................................................................................................................

..............................................................................................................................................

..............................................................................................................................................

..............................................................................................................................................

..............................................................................................................................................

*[12 marks]*

Score: [ ] **/30**

    Section 3 — Free-Time Activities

# Technology

**1**    Lies die Kommentare zu mobiler Technologie in einem Forum.

| | |
|---|---|
| **Tanya:** | Ich weiß nicht, was ich ohne mein Handy machen würde, weil es mich und meine Familie beruhigt, wenn ich alleine unterwegs bin. Allerdings nervt es auch manchmal, weil meine Eltern immer wissen wollen, wo ich bin. |
| **Nina:** | Ich finde mein Handy äußerst praktisch — man kann schnell etwas im Internet nachschauen und sich informieren. Aber das Herunterladen von Informationen ist leider auch ziemlich teuer. |
| **Paul:** | Jeder hat heutzutage ein Handy und es ist klasse, dass man überall mit seinen Freunden kommunizieren kann. Doof finde ich es aber, wenn man sich vom Handy abhängig macht, weil man immer erreichbar sein möchte. |

Füll die Tabelle auf **Deutsch** aus, um die Vor- und Nachteile mobiler Technologie zu zeigen.

| | | Vorteil | Nachteil |
|---|---|---|---|
| **Example:** | Tanya | bietet Sicherheit | Eltern wollen ständig informiert werden. |
| | Nina | | |
| | Paul | | |

*[4 marks]*

**2**    Translate the following text message into **German**.

> Hi Mia, how was your day? We are all meeting up at mine tonight to watch a film and eat pizza. We will meet at 8 pm. Can you send this text message to Ravi and ask him if he would like to come? See you later! Sarah

.............................................................................................................................................

.............................................................................................................................................

.............................................................................................................................................

.............................................................................................................................................

.............................................................................................................................................

.............................................................................................................................................

*[12 marks]*

**3** Young people were interviewed about their use of mobile technology as part of a government research programme. Complete the sentences in **English**.

**Example:** Benedikt uses his laptop to...

..........play video games every night.......................................................... . *[1 mark]*

**3 a** Sümeyye uses her phone to...

.................................................................................................................. . *[1 mark]*

**3 b** Asli enjoys...

.................................................................................................................. . *[1 mark]*

**3 c** Dimitri thinks the Internet is great because...

.................................................................................................................. . *[1 mark]*

**4** Translate the following passage into **German**.

> Yesterday, I spent a whole day without my mobile phone.
> Usually, I surf the Internet or chat with my friends after school.
> It was quite strange not to have my mobile phone and I was
> very bored. Do you think that I am addicted to my phone?

..................................................................................................................

..................................................................................................................

..................................................................................................................

..................................................................................................................

..................................................................................................................

..................................................................................................................

..................................................................................................................

*[12 marks]*

Score: ____ /**32**

Section 4 — Technology in Everyday Life

# Social Media

 **1** Translate the following message into **English**.

> Hallo Johanna,
>
> kannst du mir bitte die Videos schicken, die du gestern vom Schlittschuhlaufen gemacht hast? Ich möchte sie gern herunterladen und dann ein Blog schreiben, damit wir unsere schöne Erinnerung mit anderen teilen können. Ich hatte viel Spaß, lass uns bald wieder treffen. Schick mir eine SMS, wenn du Zeit hast.

..............................................................................................

..............................................................................................

..............................................................................................

..............................................................................................

..............................................................................................

..............................................................................................

*[9 marks]*

**2** Hör diesen Podcast, in dem Lina über ihre Familie spricht. Wähle die richtige Antwort.

**2 a** Welchen Kurs hat ihre Mutter neulich gemacht?

| A | einen Kamerakurs |
|---|---|
| B | einen Computerkurs |
| C | einen Handykurs |

*[1 mark]*

**2 b** Was möchte ihre Mutter gern als Nächstes lernen?

| A | wie man Fotos herunterlädt |
|---|---|
| B | wie man Nachrichten verschickt und bekommt |
| C | wie man soziale Medien benutzt |

*[1 mark]*

**2 c** Was hält ihr Bruder vom Kurs ihrer Mutter?

| A | Er denkt, dass es unnötig und teuer ist. |
|---|---|
| B | Er findet es klasse und ist stolz auf seine Mutter. |
| C | Er glaubt, dass der Kurs im Beruf weiterhelfen wird. |

*[1 mark]*

Score: [ ] **/12**

# The Problems with Social Media

**1**   Translate the following passage into **German**.

> Social media is very popular with young people.  At school we learnt
> that you should always be careful online.  You should not share too
> much personal information, particularly with strangers.  Also, you should
> never meet up with someone you don't know.  I will never do that.

...................................................................................................................................

...................................................................................................................................

...................................................................................................................................

...................................................................................................................................

...................................................................................................................................

...................................................................................................................................

*[12 marks]*

**2**   Translate the following passage into **English**.

> Soziale Medien können nützlich sein.  Jedoch muss man aufpassen, wen man im Internet
> kennen lernt.  Auch schadet man der Gesundheit, wenn man zu viel Zeit vor Bildschirmen
> verbringt.  Früher gab es keine sozialen Medien, deshalb haben Jugendliche mehr Sport getrieben.
> In der Zukunft werden Jugendliche wahrscheinlich soziale Medien noch häufiger verwenden.

...................................................................................................................................

...................................................................................................................................

...................................................................................................................................

...................................................................................................................................

...................................................................................................................................

...................................................................................................................................

*[9 marks]*

Score: ☐ **/21**

 ☐    ☐    ☐

# Festivals in German-Speaking Countries

**1**    Translate the following message into **English**.

> Freust du dich schon auf Weihnachten? Ich bin schon total aufgeregt, weil ich
> Weihnachten so sehr liebe. Am meisten freue ich mich darauf, Geschenke
> einzupacken. Das hat mir letztes Jahr großen Spaß gemacht. Was wünschst du dir
> zu Weihnachten? Ich hoffe, dass es an Weihnachten schneien wird. Das wäre toll.

.......................................................................................................................................................

.......................................................................................................................................................

.......................................................................................................................................................

.......................................................................................................................................................

.......................................................................................................................................................

.......................................................................................................................................................

.......................................................................................................................................................

*[9 marks]*

**2**    Listen to Antje talking about how she celebrates Christmas in Germany.
Answer the questions in **English**.

**2 a**    How does Antje celebrate Christmas? Give **two** details.

................................................................................................................... *[2 marks]*

**2 b**    What is she looking forward to most at Christmas?

................................................................................................................... *[1 mark]*

**2 c**    What was different last year?

................................................................................................................... *[1 mark]*

**2 d**    Does Antje prefer the German or the English tradition?

................................................................................................................... *[1 mark]*

**3** Translate the following passage into **German**.

> Dear Lara, do you want to be my Valentine? I wanted to tell you that I really like you and that I always think about you. Would you like to go out with me tonight? I can book a table at the Italian restaurant around the corner. Love, Tim

...............................................................................................................................

...............................................................................................................................

...............................................................................................................................

...............................................................................................................................

...............................................................................................................................

...............................................................................................................................

*[12 marks]*

**4** Read this email Lukas sent to his friend. Answer the questions in **English**.

> Hallo Ali,
>
> im Moment ist es sehr lustig bei uns hier in Köln, da es Karnevalszeit ist. Jedes Jahr im Februar verwandelt sich Köln für ein paar Tage in ein buntes Meer von Kostümen und die Straßen sind voller Prinzessinnen, Piraten und gruseligen Gespenstern.
>
> Es gibt auch den Rosenmontagsumzug — das ist eine Prozession durch die Straßen, wo verkleidete Leute Süßigkeiten und Blumen von dekorierten Wagen in die Menschenmenge werfen. Das gefällt mir sehr gut. Das Beste ist aber, dass wir an Karneval schulfrei bekommen, damit alle mitfeiern können.
>
> Bis bald,
> Lukas

**4 a** What do people dress up as? Give **two** examples.

.................................................................................................... *[2 marks]*

**4 b** What gets thrown into the crowd? Give **two** details.

.................................................................................................... *[2 marks]*

**4 c** What does Lukas find particularly great about Karneval?

.................................................................................................... *[1 mark]*

**5** Einige Jugendliche sprechen über Ostern für ein Schulprojekt.
Beantworte die Fragen auf **Deutsch**.

**5 a** Was macht Tina mit ihrer Schwester zu Ostern?  Gib **zwei** Punkte.

.................................................................................................................. *[2 marks]*

**5 b** Was macht Jakobs Opa jedes Jahr zu Ostern?

.................................................................................................................. *[1 mark]*

**5 c** Was würde Laura nicht gut finden?

.................................................................................................................. *[1 mark]*

**5 d** Was gefällt Jan nicht so sehr zu Ostern?  Gib **einen** Punkt.

.................................................................................................................. *[1 mark]*

**6** Translate the following passage into **German**.

> I am not religious, but I like Easter.  It is nice to spend time with
> the family.  My father bakes a cake, and we decorate the house.
> Last year, I ate too much chocolate, and I was ill.  I will not do
> that this year.  I hope it will be sunny so we can be outside.

..............................................................................................................................

..............................................................................................................................

..............................................................................................................................

..............................................................................................................................

..............................................................................................................................

..............................................................................................................................

..............................................................................................................................

*[12 marks]*

Score: ☐ **/48**

# The Home

**1**  Translate the following passage into **English**.

> Obwohl meine Wohnung nicht viele Zimmer hat, ist das Wohnzimmer sehr
> geräumig, und ich verbringe viel Zeit zu Hause.  In der Essecke habe ich einen Herd
> mit einem Backofen und einem Kochfeld.  Es gibt auch einen Tisch mit vier Stühlen.
> Wenn ich älter bin, will ich umziehen, aber ich liebe diesen Vorort, weil er hübsch ist.

..................................................................................................................

..................................................................................................................

..................................................................................................................

..................................................................................................................

..................................................................................................................

..................................................................................................................

..................................................................................................................

*[9 marks]*

**2**  Julia was asked about her house for a school project.  Answer the questions in **English**.

**2 a**  How does Julia describe her family's farmhouse?

.............................................................................................................. *[1 mark]*

**2 b**  How does Julia find living in the area?  Give **two** details.

.............................................................................................................. *[2 marks]*

**2 c**  Why is Julia pleased about having her own room?

.............................................................................................................. *[1 mark]*

**2 d**  List **two** things that Julia has in her bedroom.

.............................................................................................................. *[2 marks]*

Score: _____ / **15**

# What You Do at Home

**1** Translate the following passage into **German**.

> I have to do so much at home. My sister, who is called Anne, is four years old, and she gets up at half past six. I prepare her breakfast because my parents are lazy. I find that really tiring as school starts at eight o'clock, and I always have homework.

..............................................................................................................................

..............................................................................................................................

..............................................................................................................................

..............................................................................................................................

..............................................................................................................................

..............................................................................................................................

..............................................................................................................................

*[12 marks]*

**2** Translate the following passage into **English**.

> Mindestens zweimal in der Woche muss jedes Familienmitglied helfen, unsere Wohnung sauber zu machen. Meine Frau deckt jeden Tag den Tisch und ich koche für die ganze Familie, denn ich habe normalerweise Zeit. Meine Töchter müssen sich um unsere drei Schlangen kümmern, aber sie glauben, dass das unfair ist!

..............................................................................................................................

..............................................................................................................................

..............................................................................................................................

..............................................................................................................................

..............................................................................................................................

..............................................................................................................................

*[9 marks]*

**3** Toni spricht über seinen Tag. Welche **drei** Aussagen sind richtig?
Schreib die richtigen Buchstaben in die Kästchen.

| | |
|---|---|
| A | Toni musste gestern spät in der Schule bleiben. |
| B | Es gab ein Problem mit dem Bad. |
| C | Toni hat schnell gegessen. |
| D | Toni hat die gleiche Kleidung am Abend wie tagsüber getragen. |
| E | Toni wollte in die Stadt fahren. |
| F | Toni war mit dem Preis des Taxis nicht zufrieden. |

*[3 marks]*

**4** Lies den folgenden Text und beantworte die Fragen auf **Deutsch**.

> Es war einmal eine alte Frau, die in einem Bauernhaus an der Küste wohnte.
> „Mein Haus ist viel zu klein!" dachte sie jeden Tag.
>
> Eine Woche später kam der Sohn der Frau an.
> „Ich will bei dir wohnen!" sagte er. Aber er wusch nie ab.
>
> „Mein Haus scheint mir jetzt kleiner!" rief die Frau.
>
> Eine Woche später kamen auch die Enkelkinder der Frau an.
> „Wir wollen bei dir wohnen!" gaben sie an. Aber sie räumten nie auf.
>
> „Mein Haus scheint mir noch kleiner!" schrie die Frau.
>
> Eine Woche später kamen auch die Nichten und Neffen der Frau an.
> „Wir wollen bei dir wohnen!" meinten sie. Aber sie machten nie das Haus sauber.
>
> „Raus! Raus!" brüllte die Frau, „Alle raus!" Und plötzlich war alles ruhig. Und geräumig.
>
> „Vielleicht ist mein Haus doch nicht so klein," lachte die Frau, „...für mich!"

**4 a** Wie wissen wir, dass die Frau in der Nähe vom Meer wohnte?

..................................................................................................................... *[1 mark]*

**4 b** Was machte der Sohn der Frau nicht?

..................................................................................................................... *[1 mark]*

**4 c** Warum warf die Frau alle hinaus?

..................................................................................................................... *[1 mark]*

# Talking About Where You Live

**1** Read the article Taurai wrote for a school project about his home town.

> Laut einem neuen Bericht sehen jetzt viele europäische Stadtzentren ähnlich aus und manche Einkäufer sind heutzutage gar nicht zufrieden. Aber es war nicht immer so.
>
> In der Vergangenheit hatte meine Heimatstadt mehrere selbstständige Geschäfte, wie Bäckereien, Fleischereien und Obst- und Gemüseläden. In der Hauptstraße, zum Beispiel, gab es früher ein Schreibwarengeschäft neben einem Lebensmittelgeschäft. Gegenüber diesen Geschäften konnte man ein Juweliergeschäft und eine Menge Kleidergeschäfte besuchen. Diese Geschäfte gehörten Familien, die aus der Gegend kamen.
>
> Heutzutage sieht diese Straße anders aus — diese Geschäfte existieren nicht mehr. Große, internationale Gebäude wie Supermärkte und Kaufhäuser findet man heute dort.

Write **T** if the statement is **true**. Write **F** if the statement is **false**.
Write **NT** if the statement is **not in the text**.

**1 a** A report has shown that some shoppers are not happy these days.

**1 b** Taurai's home town is very industrial.

**1 c** In the past, there were no stationery shops in the town.

**1 d** There used to be lots of clothes shops in the town.

**1 e** Independent shops were too expensive for most shoppers.

**1 f** Today, you can find big department stores in the town centre.

*[6 marks]*

**2** Dein Austauschpartner Jonas spricht über seinen Wohnort. Füll die Tabelle auf **Deutsch** aus. Erwähne **zwei** positive und **zwei** negative Aspekte.

|         | Aspekt 1 | Aspekt 2 |
|---------|----------|----------|
| Positiv |          |          |
| Negativ |          |          |

*[4 marks]*

**3** Translate the following passage into **German**.

> The buildings in my village are very old and, in my opinion, that's wonderful because they look pretty. There is a church next to the park, and next year we will have a grocery shop. Unfortunately there is no museum, but I often go to Flensburg as the town is bigger.

.......................................................................................................................................

.......................................................................................................................................

.......................................................................................................................................

.......................................................................................................................................

.......................................................................................................................................

.......................................................................................................................................

*[12 marks]*

**4** Lies die folgende E-Mail. Beantworte die Fragen auf **Deutsch**.

> Grüß dich, Kathi!
>
> Du hast in deiner letzten E-Mail gefragt, wie meine Stadt ist. Ich wohne in einer Großstadt, die Truro heißt, im Südwesten Englands. Obwohl sie offiziell eine Großstadt ist, ist sie eigentlich kleiner als andere Großstädte in Großbritannien. Das finde ich wirklich super, weil es ruhiger sein kann, aber es gibt trotzdem sehr viel zu tun.
>
> Für Besucher bietet unsere Stadt viele Grünanlagen, einen Dom und interessante Märkte.
>
> Truro ist eine historische Großstadt. Sie war vor vielen Jahren eine Industriestadt und es gab früher viel Verschmutzung, aber heutzutage ist es viel sauberer und moderner.
>
> Schreib mir bald über deine Stadt!
> Marta

**4 a** Warum ist Truro keine normale Großstadt?

.................................................................................................................... *[1 mark]*

**4 b** Was hat Truro Touristen zu bieten? Gib **ein** Detail.

.................................................................................................................... *[1 mark]*

**4 c** Welches Problem gab es früher in Truro?

.................................................................................................................... *[1 mark]*

**Score:** [    ] **/25**

**Section 6 — Where You Live**

# Shopping

**1**   Listen to Hannah talking about what she buys with her pocket money.
Answer the questions in **English**.

**1 a**   What does she have to buy with her pocket money?

...................................................................................................................... *[1 mark]*

**1 b**   How does she feel about the amount of pocket money she receives?

...................................................................................................................... *[1 mark]*

**1 c**   How does she describe her blue dress?

...................................................................................................................... *[1 mark]*

**1 d**   Why can't she buy new computer games at the weekend?

...................................................................................................................... *[1 mark]*

**2**   Translate the following passage into **German**.

In my shopping trolley I have a pair of grey trousers, a green
sweater and a yellow skirt.  I love shopping because I find
it fun.  I spend a lot of money every weekend on new DVDs
and good books, but next week I will have no money at all!

......................................................................................................................

......................................................................................................................

......................................................................................................................

......................................................................................................................

......................................................................................................................

......................................................................................................................

......................................................................................................................

*[12 marks]*

**3** Translate the following passage into **English**.

> Ich brauche vom Supermarkt um die Ecke eine Flasche Cola und eine Tüte Chips.
> Vorgestern hat dein Vater die falsche Sorte gekauft und sie waren ekelhaft.
> Ich hätte auch gern mehrere Äpfel und mindestens zwei Kilo große Kartoffeln.
> Kannst du auch mein Paket zur Post bringen? Es wird nicht viel kosten.

.......................................................................................................................................................

.......................................................................................................................................................

.......................................................................................................................................................

.......................................................................................................................................................

.......................................................................................................................................................

.......................................................................................................................................................

.......................................................................................................................................................

*[9 marks]*

**4** Listen to Kai ordering groceries on the phone.
Fill in the table in **English** with the quantities and products he orders.

| | Quantity | Product |
|---|---|---|
| **Example:** | three | oranges |

| | Quantity | Product |
|---|---|---|
| **4 a** | | |
| **4 b** | | |
| **4 c** | | |
| **4 d** | | |

*[4 marks]*

# In the Shop

**1**   Translate the following passage into **German**.

> Last week, I saw a special offer in a clothes shop.  I bought a new T-shirt, which will be ideal for weekends.  I found it good value and, because it was so cheap, I can buy more clothes tomorrow!  A discount is important to me because I have little money.

...................................................................................................................................

...................................................................................................................................

...................................................................................................................................

...................................................................................................................................

...................................................................................................................................

...................................................................................................................................

*[12 marks]*

**2**   Translate the following passage into **English**.

> Ich bin zum Sportgeschäft gegangen, weil ich für meine Tochter neue Sportschuhe kaufen musste.  An der Kasse habe ich dem Assistenten einen Hunderteuroschein gegeben.  Ich habe zehn Euro zurückbekommen.  Die Sportschuhe sind zu groß und ich will mein Geld zurück.  Leider hat der Assistent mir keine Quittung gegeben.

...................................................................................................................................

...................................................................................................................................

...................................................................................................................................

...................................................................................................................................

...................................................................................................................................

...................................................................................................................................

*[9 marks]*

Score: ☐ /**21**

☹ ☐   🙂 ☐   😃 ☐

# Giving and Asking for Directions

**1**   Lies diese Broschüre über Linz. Welche **vier** Aussagen sind richtig?
Schreib die richtigen Buchstaben in die Kästchen.

> Hier in Linz ist immer etwas los. Im Stadtzentrum haben wir zwei Kinos und ein Theater. Ganz in der Nähe ist ein sehr großes Einkaufszentrum, wo man alles unter einem Dach finden kann. Es gibt um die Ecke ein altes Rathaus und ein Museum, wo man mehr über Linz herausfinden kann.
>
> Wenn man sportlich ist, gibt es ein Sportzentrum — vom Verkehrsamt gehen Sie geradeaus und nehmen Sie die erste Straße links.
>
> Um die Ecke vom Verkehrsamt ist auch ein Supermarkt — nehmen Sie die dritte Straße rechts und gehen Sie bis zur Ampel. Der Supermarkt ist auf der linken Seite.

| | |
|---|---|
| A | Es gibt viel zu tun in Linz. |
| B | Man kann in Linz einen Film sehen. |
| C | In Linz gibt es nur ein kleines Einkaufszentrum. |
| D | Das Einkaufszentrum ist sehr weit vom Theater entfernt. |
| E | Man kann nichts über die Geschichte von Linz lernen. |
| F | Um das Sportzentrum vom Verkehrsamt zu finden, muss man geradeaus und dann nach links gehen. |
| G | Wenn man vom Verkehrsamt zum Supermarkt gehen will, sollte man sofort nach links gehen. |
| H | Der Supermarkt ist in der Nähe von einer Ampel. |

*[4 marks]*

**2**   Hör dieses Gespräch zwischen einem Touristen und einer Studentin.
Beantworte die Fragen auf **Deutsch**.

**2 a**   Wie weit ist die Technische Universität entfernt?

...................................................................................................... *[1 mark]*

**2 b**   Wohin soll der Tourist nach dem Bahnhof gehen?

...................................................................................................... *[1 mark]*

**2 c**   Wo genau liegt die Universität?

...................................................................................................... *[1 mark]*

Score: [ ] **/7**

 [ ]    [ ]    [ ]

# Weather

**1**  Translate the following passage into **German**.

> Although it was cold in many European countries last autumn, it was hot, dry and sunny in Germany.  It was rarely cloudy, but it was fairly windy.  However, in winter it was extremely cold, and it snowed in northern Germany in January.  We hope that it will be sunny this summer.

..............................................................................................................................................

..............................................................................................................................................

..............................................................................................................................................

..............................................................................................................................................

..............................................................................................................................................

..............................................................................................................................................

..............................................................................................................................................

*[12 marks]*

**2**  Read the chatroom discussion about different types of weather.
Write the first letter of the correct name in the box, e.g. write **A** for **Amir**.

| Amir | Heißes Wetter ist für mich perfekt, weil ich gern am Strand liege. |
|---|---|
| Manfred | Das kann ich verstehen und es gefällt mir auch, wenn es einfach warm und sonnig ist.  Noch lieber mag ich aber den Schnee, weil ich Snowboarden liebe. |
| Petra | Ich bin ganz anders — ich liebe kaltes Wetter, wenn es dunkel, regnerisch und nebelig ist.  Ich finde es so mysteriös! |
| Erika | Aufregend für mich sind stürmische Tage.  Gewitter sind spannend — aber ich bleibe doch im Haus! |

**2 a**  Who likes stormy weather?

*[1 mark]*

**2 b**  Who prefers staying indoors in bad weather?

*[1 mark]*

**2 c**  Who likes to go to the beach when it's hot?

*[1 mark]*

**2 d**  Who enjoys snow?

*[1 mark]*

Score: ☐ / 16

# Healthy Living

**1** Du hörst eine Radiosendung zum Thema Fitness.
Füll die Tabellen auf **Deutsch** aus.

**Example:**

|  | Man sollte... | Man sollte nicht... |
|---|---|---|
| Nada | Rad fahren | mit dem Auto fahren |

**1 a**

|  | Man sollte... | Man sollte nicht... |
|---|---|---|
| Horst |  |  |

*[2 marks]*

**1 b**

|  | Man sollte... | Man sollte nicht... |
|---|---|---|
| Naima |  |  |

*[2 marks]*

**2** Translate the following passage into **German**.

> My friend is in good shape and he exercises twice per week. I also want to be really healthy, but I find it difficult. I have eaten fruit and yoghurt every day for breakfast, and I have only drunk water or orange juice. I hope that I will soon lose weight.

..................................................................................................................................

..................................................................................................................................

..................................................................................................................................

..................................................................................................................................

..................................................................................................................................

..................................................................................................................................

..................................................................................................................................

*[12 marks]*

Score: [    ] **/16**

# Unhealthy Living

**1** Translate the following passage into **English**.

> Ich bin im Moment traurig, da meine Stiefmutter alkoholsüchtig ist. Meiner Meinung nach trinkt sie zu oft alkoholische Getränke und ich mache mir große Sorgen, weil das sehr ungesund ist. Ich hoffe, dass sie bald aufhören wird. Eine Freundin von mir war Drogensüchtige und eine Sucht kann sehr gefährlich sein.

..........................................................................................................

..........................................................................................................

..........................................................................................................

..........................................................................................................

..........................................................................................................

..........................................................................................................

..........................................................................................................

*[9 marks]*

**2** Listen to Mario describing his lifestyle on a German radio programme about health. Complete the sentences in **English**.

**Example:**   Until a year ago, Mario did not feel happy with his ...........fitness........... .

**2 a**   In the past, Mario ate sweets and too much .......................................... .   *[1 mark]*

**2 b**   He also .......................................................................... .   *[1 mark]*

**2 c**   He didn't want to become .................................................... .   *[1 mark]*

**2 d**   According to his doctor he was .............................................. .   *[1 mark]*

Score: ☐ / **13**

 ☐   ☐   ☐

# Illnesses

 **1** Translate the following passage into **German**.

> Last week I played rugby with my friends, and I injured my back. I saw the doctor and he thought that the problem was unfortunately quite serious. I need medicine, so I must go to the pharmacy tomorrow. I hope that I won't have to go to hospital.

.............................................................................................................................

.............................................................................................................................

.............................................................................................................................

.............................................................................................................................

.............................................................................................................................

.............................................................................................................................

*[12 marks]*

**2** Translate the following article into **English**.

> Manche Ärzte glauben, dass Studenten an Universitäten ungesund leben. Manchmal werden Studenten krank, weil sie zu viel trinken und nicht genug schlafen. Stress kann auch ein großes Problem sein, weil er Kopfschmerzen und Bauchschmerzen verursachen kann. Außerdem ist es schwierig, Erkältungen zu vermeiden, wenn man so viel Zeit mit anderen verbringt.

.............................................................................................................................

.............................................................................................................................

.............................................................................................................................

.............................................................................................................................

.............................................................................................................................

.............................................................................................................................

*[9 marks]*

Score: ____ /**21**

# Section 8 — Social and Global Issues

## Environmental Problems

**1** Read this article about biodiversity. Answer the questions in **English**.

---

Seit 2000 ist der 22. Mai der Internationale Tag der biologischen **Vielfalt**[1]. Der Tag war eine Initiative der Vereinten Nationen, die als Ziel hatte, die Menschen besser über die Biodiversität zu informieren. Jedes Jahr gibt es in Ländern auf der ganzen Welt verschiedene Veranstaltungen, darunter Konferenzen, Projekte und Diskussionen.

Biodiversität ist für unseren Planeten äußerst wichtig. Viele Tiere sind seit langem gefährdet, wie zum Beispiel der Eisbär und der Orang-Utan. Leider sterben jedes Jahr immer mehr Tierarten aus.

Das Problem hat viele **Ursachen**[2]. Die Industrie kann schädliche Effekte auf Tiere und Pflanzen haben. Die Abholzung, zum Beispiel, zerstört oft Gebiete, wo viele Tiere leben. Manche glauben auch, dass die Erderwärmung die biologische Vielfalt reduziert.

Am Internationalen Tag der biologischen Vielfalt denkt man darüber nach, was man tun kann, um die Umwelt zu schützen. Wenn Regierungen zusammenarbeiten, ist es vielleicht möglich, Lösungen zu finden.

[1]**diversity** [2]**causes**

---

**1 a** What is the aim of the International Day for Biological Diversity?

.................................................................................................... *[1 mark]*

**1 b** What negative development has there been for biodiversity?

.................................................................................................... *[1 mark]*

**1 c** What is causing this development? Give **two** details.

1. ................................................................................................

2. ................................................................................................ *[2 marks]*

**2** While on holiday in Germany, you hear Klara talking about environmental issues on the radio. Which **three** statements are true? Write the correct letters in the boxes.

| | |
|---|---|
| A | Klara cannot stand people who are environmentally friendly. |
| B | Klara finds it difficult to be environmentally friendly. |
| C | Klara thinks that it is important to protect our world. |
| D | Klara doesn't think that the environment is her problem. |
| E | Klara is worried about future generations. |
| F | Klara thinks it is unfair to make the problems worse for future generations. |

☐ ☐ ☐

*[3 marks]*

**3** Translate the following passage into **German**.

> Lots of people believe that the greenhouse effect is a very big problem. In the past, some people were not so environmentally friendly, and now the world is becoming warmer and warmer. In order to solve this difficult problem, we must find alternative sources of energy.

..............................................................................................................................

..............................................................................................................................

..............................................................................................................................

..............................................................................................................................

..............................................................................................................................

..............................................................................................................................

..............................................................................................................................

*[12 marks]*

**4** A friend has shared this article on social media.

> Fliegen mit dem Flugzeug ist schnell, bequem und relativ billig. Flugzeuge verursachen aber auch viel Verschmutzung und das ist für unsere Umwelt ein sehr großes Problem.
>
> Atmosfair ist eine Organisation, die die Welt schützen will. Wenn man mit dem Flugzeug fliegen will, kann man für das Kohlendioxid — die Verschmutzung — kompensieren.
>
> Auf der Website von Atmosfair kann man die Details eines Fluges online eingeben und dann Geld zahlen. Atmosfair gibt dieses Geld für umweltfreundliche Projekte aus und hilft Ländern auf der ganzen Welt, zum Beispiel mit Windkraft-, Wasserkraft- und Solarenergieprojekten.

Write **T** if the statement is **true**. Write **F** if the statement is **false**.
Write **NT** if the statement is **not in the text**.

**4 a** It is relatively cheap to travel by aeroplane.

*[1 mark]*

**4 b** Ships cause as much pollution as aeroplanes.

*[1 mark]*

**4 c** Carbon dioxide is a form of pollution.

*[1 mark]*

**4 d** It doesn't cost anything to help Atmosfair.

*[1 mark]*

**4 e** Atmosfair only supports projects in developing countries.

*[1 mark]*

**Score:** ____ **/24**

Section 8 — Social and Global Issues

# Problems in Society

**1** Du hörst das Gespräch zwischen Lola und Max, die über Probleme in der Gesellschaft reden. Beantworte die Fragen auf **Deutsch**.

**1 a** Für wen ist Armut besonders ein Problem?

................................................................................................................ *[1 mark]*

**1 b** Was kann man tun, um zu helfen?

................................................................................................................ *[1 mark]*

**1 c** Was hat Lola letzte Woche gemacht?

................................................................................................................ *[1 mark]*

**1 d** Max zufolge, wie könnte die Regierung helfen?

................................................................................................................ *[1 mark]*

**2** Translate the following passage into **German**.

> Although Austria is much smaller than Germany, the population is getting bigger
> and bigger. Many immigrants now live there because the conditions are good. The
> integration of foreigners is very important and it helps society. However, some
> immigrants find it difficult to learn the language. They could attend a German course.

................................................................................................................

................................................................................................................

................................................................................................................

................................................................................................................

................................................................................................................

................................................................................................................

*[12 marks]*

**3** Translate the following passage into **English**.

> Flüchtlinge fliehen aus gefährlichen Gebieten. Sie müssen andere Länder
> finden, wo sie sich eingliedern können. Sie wohnen oft in schrecklichen
> Verhältnissen. Obwohl Flüchtlinge manchmal Sozialhilfe bekommen,
> ist das meistens nicht viel Geld. Manchmal kann die Gesellschaft auch
> unfreundlich sein und die Armut ist für viele Flüchtlinge ein großes Problem.

........................................................................................................................................

........................................................................................................................................

........................................................................................................................................

........................................................................................................................................

........................................................................................................................................

........................................................................................................................................

........................................................................................................................................

*[9 marks]*

**4** Listen to this podcast about issues in society.
Fill in the gaps in **English** to complete the sentences.

**Example:** Some people believe that immigration is a ...*problem*............ .

**4 a** Immigration can be very ............................................. for a country. *[1 mark]*

**4 b** Immigrants usually want to ................................................. . *[1 mark]*

**4 c** Immigrants help ..................................................... by paying taxes. *[1 mark]*

**4 d** Not all immigrants need ............................................................. . *[1 mark]*

Score: ☐ /**29**

**Section 8 — Social and Global Issues**

# Contributing to Society

 **1** Translate the following passage into **German**.

> I used to waste resources, but now I try to be environmentally friendly. For example, I recycle packaging and organic waste, such as peel. I think that everyone should use public transport because this reduces exhaust fumes. Pollution can damage the ozone layer and cause acid rain.

.......................................................................................................................................

.......................................................................................................................................

.......................................................................................................................................

.......................................................................................................................................

.......................................................................................................................................

.......................................................................................................................................

.......................................................................................................................................

*[12 marks]*

**2** Translate the following passage into **English**.

> In der Vergangenheit hat die Bevölkerung in Deutschland und Österreich nicht regelmäßig recycelt. Heute sieht die Zukunft anders aus, weil fast alle Leute jeden Tag den Müll wiederverwerten. Viele Haushalte sortieren ihr Altpapier, ihren Biomüll und ihr Glas in verschiedene Mülltonnen, um umweltfreundlich zu sein. Außerdem sind umweltfreundliche Produkte heutzutage sehr beliebt.

.......................................................................................................................................

.......................................................................................................................................

.......................................................................................................................................

.......................................................................................................................................

.......................................................................................................................................

.......................................................................................................................................

.......................................................................................................................................

*[9 marks]*

**3** Lies die Anzeige auf der Website einer deutschen Universität. Beantworte die Fragen auf **Deutsch**.

> Hier an der Universität bieten wir Ihnen ein tolles Erlebnis an. Sie können in einem Altenheim in der Nähe — nur zwei Kilometer — von der Universität wohnen und älteren und / oder behinderten Menschen helfen. Nur ein- oder zweimal in der Woche müssen Sie arbeiten: das heißt, nur zehn Stunden pro Woche sind Pflicht.
>
> **Was für Arbeit würden Sie tun?** Hier sind einige Beispiele:
> • einige Lebensmittel kaufen.
> • beim Kochen helfen.
> • beim Waschen helfen.
> • einfach plaudern.
>
> Als Dank für Ihre Arbeit bekommen Sie für ein ganzes Jahr kostenlose Unterkunft!

**3 a** Wie weit ist das Altenheim von der Universität entfernt?

................................................................................................................ *[1 mark]*

**3 b** Wie oft muss man im Altenheim arbeiten?

................................................................................................................ *[1 mark]*

**3 c** Was wird man im Altenheim tun, um zu helfen? Gib **zwei** Details.

................................................................................................................ *[2 marks]*

**3 d** Was bekommt man, wenn man im Altenheim arbeitet?

................................................................................................................ *[1 mark]*

**4** Listen to this TV debate about how to help homeless people.

What do the speakers think about charity work? Write **P** for a **positive** opinion. Write **N** for a **negative** opinion. Write **P + N** for a **positive and negative** opinion.

**4 a** Gloria [ ]

*[1 mark]*

**4 b** Rafal [ ]

*[1 mark]*

**4 c** Anke [ ]

*[1 mark]*

Score: [ ] **/29**

Section 8 — Social and Global Issues

# Where to Go

**1** Translate the following passage into **German**.

> This year, we are going to Spain. My sister wants to stay in a hotel on the beach. My parents want to visit a historic town, but I find that boring. I would like to be active. Last year, we cycled and we went walking. That was really great.

...................................................................................................................

...................................................................................................................

...................................................................................................................

...................................................................................................................

...................................................................................................................

...................................................................................................................

...................................................................................................................

*[12 marks]*

**2** Read these extracts from holiday brochures. Match the most suitable holiday to each person by writing the letter in the box.

| A | Das Hotel liegt am Strand und hat drei Pools. Entdecken Sie die schöne Gartenanlage mit kleinen malerischen Brücken. Entspannen Sie sich auf der Terrasse mit fantastischem Blick über die traumhaften Landschaften. |
|---|---|

| B | Möchten Sie einen Winterurlaub in einem der schönsten Skigebiete auf der Welt? Sie können Ski oder Snowboard während des Tages fahren und bei Nacht gibt es eine Menge Restaurants in der Nähe. |
|---|---|

| C | Eine Schiffsreise durch das Mittelmeer ist eine Traumreise. Besichtigen Sie die wunderschönsten Städte Europas. Fotografieren Sie die Sehenswürdigkeiten und besuchen Sie die faszinierenden Museen. |
|---|---|

**2 a** Nina wants a cultural holiday visiting landmarks in different cities.

*[1 mark]*

**2 b** Alina wants a relaxing beach holiday.

*[1 mark]*

**2 c** Marlene wants an active holiday doing sports.

*[1 mark]*

Score: ☐ **/15**

49

# Accommodation

**1** Listen to this podcast about a holiday house.
Which **three** statements are true? Write the letters in the boxes.

| A | The bathroom wasn't clean. |
| B | The kitchen was very dirty. |
| C | They couldn't use the cooker. |
| D | There was no water. |
| E | There were no restaurants nearby. |
| F | There was no shower. |

☐ ☐ ☐

*[3 marks]*

**2** Translate the following passage into **German**.

My parents have booked two rooms at a hotel in Salzburg. I will have
a double room with a shower. Last year we stayed in a caravan in the
countryside. It was very cold and uncomfortable. Next summer I will stay
overnight in a youth hostel. It will be cheaper and more sociable than a hotel.

..................................................................................................................................

..................................................................................................................................

..................................................................................................................................

..................................................................................................................................

..................................................................................................................................

..................................................................................................................................

*[12 marks]*

# Booking

**1** On holiday in Austria, you overhear this conversation at a campsite. Answer the questions in **English**.

**1 a** When will the campers leave the campsite?

..................................................................................................... *[1 mark]*

**1 b** How much does it cost for two people?

..................................................................................................... *[1 mark]*

**1 c** Why do they have to pay an extra €5?

..................................................................................................... *[1 mark]*

**1 d** When will they pay?

..................................................................................................... *[1 mark]*

**2** Translate the following passage into **English**.

> Diesen Sommer werde ich nach Österreich fahren und jetzt muss ich die Unterkunft reservieren. Ich fahre mit einem Freund hin und deswegen brauche ich ein Zweibettzimmer. Es wäre schön, ein Zimmer mit Balkon zu haben. Letztes Jahr habe ich in einem Hotel gewohnt. Wir haben Vollpension gewählt, weil das einfacher ist.

.........................................................................................................................

.........................................................................................................................

.........................................................................................................................

.........................................................................................................................

.........................................................................................................................

.........................................................................................................................

.........................................................................................................................

.........................................................................................................................

*[9 marks]*

Score: [ ] **/13**

# How to Get There

 **1** Translate the following passage into **English**.

> Ich empfehle, dass Sie vom Flughafen mit der U-Bahn zur Pension fahren. Ein Tagesticket kostet nur fünfzehn Euro. Ein Taxi wäre bequemer, aber die U-Bahn ist billiger. Sie können eine Fahrkarte am Fahrkartenautomaten kaufen. Die Fahrt dauert ungefähr zwanzig Minuten. Von der U-Bahn-Station muss man dann fünf Minuten zu Fuß zur Pension gehen.

..................................................................................................................................

..................................................................................................................................

..................................................................................................................................

..................................................................................................................................

..................................................................................................................................

..................................................................................................................................

*[9 marks]*

 **2** Translate the following passage into **German**.

> I want to go to Berlin on Saturday. I don't know whether I will travel by train or by car. It will probably be quicker by car as you have to change trains. Also, there could be delays. However, you can read and eat on the train. The train goes at 11.20 from platform 4.

..................................................................................................................................

..................................................................................................................................

..................................................................................................................................

..................................................................................................................................

..................................................................................................................................

..................................................................................................................................

..................................................................................................................................

*[12 marks]*

Score: [     ] /21

Section 9 — Travel and Tourism

# What to Do

**1**    Olli hat ein Interview für die Schulzeitung gemacht. Beantworte die Fragen auf **Deutsch**.

**1 a**    Was hat Olli im Freizeitpark gemacht?

..................................................................................................... *[1 mark]*

**1 b**    Was ist seinem Vater passiert?

..................................................................................................... *[1 mark]*

**1 c**    Warum hat das Museum Olli am besten gefallen?

..................................................................................................... *[1 mark]*

**2**    Lies die Website eines Hotels. Beantworte die Fragen auf **Deutsch**.

> Hier finden Sie Vorschläge für Aktivitäten während Ihres Aufenthalts.
>
> Gehen Sie zum Strand. Sie können sich sonnen oder Volleyball spielen.
>
> Möchten Sie aktiv sein? Das Wassersportzentrum bietet Ihnen Segeln oder Surfen auf dem Meer an und unter dem Wasser können Sie tauchen.
>
> In der Hotelanlage haben wir Tischtennis und Minigolf. Fragen Sie nach Schlägern und Bällen bei unseren Mitarbeitern im Laden.
>
> In der Stadt finden Sie viele Denkmäler, Geschäfte, sowie Cafés und Restaurants.
>
> Abends können Sie im Nachtklub tanzen oder in der Kneipe Live-Musik hören.
>
> Um die schöne Landschaft zu sehen, können Sie wandern, Fahrräder mieten oder Pferde reiten. Bitte fragen Sie nach Preisen und Informationen an der Rezeption.

**2 a**    Wo findet man Minigolfschläger? ..................................................... *[1 mark]*

**2 b**    Wo kann man Volleyball spielen? ..................................................... *[1 mark]*

**2 c**    Wo kann man Live-Musik hören? ..................................................... *[1 mark]*

**2 d**    Wohin geht man, um zu segeln? ..................................................... *[1 mark]*

**2 e**    Wo kann man Denkmäler fotografieren? ............................................. *[1 mark]*

Score: ☐ /8

# Talking About Holidays

**1**  Read Werner's blog post.  Which **four** statements are true?
Write the correct letters in the boxes.

> Mein Bruder, der Hannes heißt, wird in den Ferien für eine Woche nach Rom fahren.
> Er fährt mit der Fähre und mit dem Zug.  Die Reise dauert insgesamt sechs Stunden.
>
> Er wird unsere Großeltern besuchen.  Opa ist Italiener und kann kein Wort Deutsch
> sprechen.  Mein Bruder lernt seit zwei Jahren Italienisch und er wird den ganzen Tag
> Italienisch sprechen.  Das wird ganz schön anstrengend sein, glaube ich!
>
> Es gibt in Rom viele Sehenswürdigkeiten, die er besichtigen will, zum Beispiel das Kolosseum.
> Was er aber am liebsten sehen will, ist das Fußballstadion.  Er ist verrückt nach Fußball!
>
> Es wird wahrscheinlich sonnig sein, aber wenn es regnet, wird es trotzdem viel zu tun geben.
> Leider kann ich nicht mitreisen, da ich mir vor kurzem das Bein gebrochen habe.

| | |
|---|---|
| A | Hannes is travelling to Spain. |
| B | The ferry will take six hours. |
| C | Their grandfather cannot speak German. |
| D | Hannes has been learning Italian for ten years. |
| E | Hannes will speak Italian all day long. |
| F | Hannes isn't interested in sightseeing. |
| G | Hannes is mad about football. |
| H | Werner would like to travel with Hannes. |

[4 marks]

**2**  Translate the following passage into **German**.

> I would like to travel.  I have never visited Asia and I would also like to go to Greece.  It is
> always very interesting to discover a new culture.  When I was younger I went to America,
> but now I would like to travel around Canada.  It would be great to go skiing there.

..................................................................................................................

..................................................................................................................

..................................................................................................................

..................................................................................................................

..................................................................................................................

..................................................................................................................

[12 marks]

Score: ☐ /16

 ☐   ☐   ☐

# School Subjects

**1**   Pupils were asked about their school subjects. Write the correct letters in the boxes.

**1 a**   The pupils have PE...

| A | at the end of the week. |
|---|---|
| B | once a week. |
| C | twice a week. |

*[1 mark]*

**1 b**   The boy who was interviewed...

| A | prefers foreign languages. |
|---|---|
| B | finds maths difficult. |
| C | likes maths best of all. |

*[1 mark]*

**1 c**   On Thursdays, the pupils have...

| A | drama and history. |
|---|---|
| B | drama and art. |
| C | history and maths. |

*[1 mark]*

**2**   Lies das Blog von Tobias. Beantworte die Fragen auf **Deutsch**.

> Ich habe mit Englisch und Spanisch in der Grundschule angefangen, aber jetzt lerne ich auch Französisch. Englisch finde ich relativ einfach und ganz nützlich, aber für andere Fremdsprachen interessiere ich mich gar nicht. In der Zukunft will ich in den USA arbeiten und deswegen muss ich fließend Englisch sprechen. Leider finde ich Informatik doof, weil der Lehrer sehr altmodisch ist. Er hat keine Ahnung von neuer Technologie. Ich habe kein Talent für Geschichte, dennoch bin ich für Naturwissenschaften relativ begabt.

**2 a**   Welche Fremdsprachen lernt Tobias im Moment?

.................................................................................................................. *[1 mark]*

**2 b**   Was wird Tobias in Amerika tun müssen?

.................................................................................................................. *[1 mark]*

**2 c**   Warum findet er Informatik blöd?

.................................................................................................................. *[1 mark]*

**2 d**   Wofür hat Tobias keine Begabung?

.................................................................................................................. *[1 mark]*

**Score:** [ ] /**7**

# School Routine

**1**    Hör das folgende Interview. Schreib den richtigen Buchstaben ins Kästchen.

**1 a**    Wie kommt das Mädchen in die Schule?

| A | mit dem Auto |
|---|---|
| B | mit dem Bus |
| C | sie läuft |

*[1 mark]*

**1 b**    Heute war der Junge...

| A | früh |
|---|---|
| B | spät |
| C | sauer |

*[1 mark]*

**1 c**    Wie lange dauert eine Unterrichtsstunde?

| A | dreißig Minuten |
|---|---|
| B | eine Stunde |
| C | anderthalb Stunden |

*[1 mark]*

**1 d**    Was macht das Mädchen heute nach der Schule?

| A | Theater |
|---|---|
| B | Hausaufgaben |
| C | Basketball |

*[1 mark]*

**2**    Translate the following passage into **English**.

> Der Schultag fängt um halb neun an und endet um vier Uhr. Wir haben sechs Stunden pro Tag: vier am Morgen und zwei am Nachmittag. Heute gab es eine Versammlung in der Aula. Das finde ich immer langweilig. Wir haben täglich zwei Pausen. Ich hätte gern eine längere Mittagspause.

......................................................................................................................

......................................................................................................................

......................................................................................................................

......................................................................................................................

......................................................................................................................

......................................................................................................................

*[9 marks]*

Score: ☐ /**13**

        ☺ ☐

# School Life

**1** Translate the following passage into **English**.

> Ich besuche eine Ganztagsschule und normalerweise gefällt mir das Schulleben. Wir haben viele Labors und Sportplätze und ich kann meine Freunde sehen. Gewöhnlich spiele ich während der Pause Fußball, aber gestern musste ich nachsitzen, da ich vorgestern in Mathe eine schlechte Note bekommen habe. Ich werde versuchen, in der Stunde aufzupassen.

.................................................................................................................................

.................................................................................................................................

.................................................................................................................................

.................................................................................................................................

.................................................................................................................................

.................................................................................................................................

.................................................................................................................................

*[9 marks]*

**2** Translate the following passage into **German**.

> At my school, there are over a thousand pupils. I go to a comprehensive school. You can choose vocational subjects. I think that is good because I am very practical. The school day lasts until four o'clock, but yesterday I played hockey after school. Next year, I would like to do A-levels.

.................................................................................................................................

.................................................................................................................................

.................................................................................................................................

.................................................................................................................................

.................................................................................................................................

.................................................................................................................................

.................................................................................................................................

*[12 marks]*

Score: _____ / 21

Section 10 — Study and Employment

# School Pressures

**1** Listen to this report about stress at school.
Which **three** statements are true? Write the letters in the boxes.

| A | The pupils in the study were older than 16. |
|---|---|
| B | Homework is the main reason why pupils feel stressed. |
| C | Pupils also mentioned pressures put on them by teachers. |
| D | Many pupils find walking to and from school very tiring. |
| E | Pupils think that they don't have enough time for sport. |
| F | Pupils complained about doing too much independent study at school. |

*[3 marks]*

**2** Translate the following text into **English**.

> Ich habe die Schule satt. Dieses Jahr habe ich schlechte Noten bekommen, obwohl ich fleißig gearbeitet habe. Das finde ich stressig. Es gibt auch viele Regeln. Wir sollen unsere Lehrer respektieren. Einige Lehrer kritisieren gern und es gibt andere, die die Klasse nicht kontrollieren können. Ich hoffe, dass ich trotzdem erfolgreich sein werde.

..........................................................................................................................................

..........................................................................................................................................

..........................................................................................................................................

..........................................................................................................................................

..........................................................................................................................................

..........................................................................................................................................

..........................................................................................................................................

*[9 marks]*

# Education Post-16

**1** School pupils are discussing their future plans in an online forum.
Read their comments and answer the questions below.

| Priyanka | Nach der Schule werde ich eine Lehre anfangen. Das finde ich gut, da man gleichzeitig arbeiten und lernen kann. |
| --- | --- |
| Sven | Ich bleibe bis zum Ende der 13. Klasse auf dem Gymnasium, dann möchte ich ein Praktikum bei einem Ingenieurbüro machen. |
| Ahmed | Ich will unbedingt an die Universität gehen und dafür brauche ich mein Abi. Ich habe vor, Wirtschaftswissenschaft zu studieren. |
| Kerstin | Meine Eltern wollen, dass ich die Schule weitermache. Leider werde ich das Abi nie schaffen, also muss ich mir bald einen Beruf suchen. |

**1 a**   Who wants to go to university? ................................................................... *[1 mark]*

**1 b**   Who is going to look for a job? ................................................................... *[1 mark]*

**1 c**   Who will do an apprenticeship? ................................................................... *[1 mark]*

**1 d**   Who hopes to do a work placement? ................................................................... *[1 mark]*

**2** Translate the following passage into **German**.

If I pass my exams I will go to the sixth form. I would like to learn biology, chemistry and business studies. Science is useful because I want to work as a pharmacist in the future. After my A-levels, I will earn money so that I can travel around South America.

..............................................................................................................................

..............................................................................................................................

..............................................................................................................................

..............................................................................................................................

..............................................................................................................................

..............................................................................................................................

*[12 marks]*

Score: [ ] /16

 [ ]    [ ]    [ ]

# Career Choices and Ambitions

**1**   Translate the following passage into **English**.

> In der Zukunft will ich eine hohe Lebensqualität haben, also brauche ich gute Ergebnisse in der Oberstufe.  Meine Karriere ist ohne Zweifel das Wichtigste für mich.  Ich möchte eine gut bezahlte und vielseitige Stelle.  Früher wollte ich Arzt werden, aber das interessiert mich nicht mehr.  Es wäre prima, wenn ich im Beruf meine Fremdsprachen benutzen könnte.

..............................................................................................................................

..............................................................................................................................

..............................................................................................................................

..............................................................................................................................

..............................................................................................................................

..............................................................................................................................

..............................................................................................................................

*[9 marks]*

**2**   Einige Schüler diskutieren über Berufe.  Beantworte die Fragen auf **Deutsch**.

**2 a**   Wer muss kreativ und freundlich sein?

.......................................................................................................... *[1 mark]*

**2 b**   Wie sollte ein Lehrer sein?  Gib **zwei** Details.

.......................................................................................................... *[2 marks]*

**2 c**   Welche **zwei** Eigenschaften braucht eine Bauarbeiterin?

.......................................................................................................... *[2 marks]*

**2 d**   Welchen Beruf soll man vermeiden, wenn man unhöflich ist?

.......................................................................................................... *[1 mark]*

**3**   Ute hat ein Blog über ihren Beruf als Floristin geschrieben. Lies den Text.

> Es war immer mein Kindheitstraum, Floristin zu werden. Ich interessiere mich seit langem für die verschiedenen Blumen. Ich liebe die Farben und die Düfte. Kunst war mein Lieblingsfach an der Schule und mit Blumen kann man sehr kreativ sein. Ob ein Geburtstag, eine Hochzeit oder eine Beerdigung stattfindet, sind die Blumen ganz wichtig.
>
> Ich arbeite seit vier Jahren in einem kleinen Geschäft. Ich berate Kunden und muss ab und zu die Blumen auch liefern. Das schlimmste ist, dass ich sehr früh aufstehen muss, aber die Blumen sind am schönsten, wenn man sie nur einige Stunden vorher vorbereitet.

Beantworte die Fragen. Schreib **R**, wenn die Aussage **richtig** ist. Schreib **F**, wenn die Aussage **falsch** ist. Schreib **NT**, wenn die Aussage **nicht im Text** ist.

**3 a**   Als Kind wollte Ute Polizistin werden.  ☐

**3 b**   An der Schule liebte sie Kunst.  ☐

**3 c**   Laut Ute sind Blumen wichtig, wenn man heiratet.  ☐

**3 d**   Sie ist in einem kleinen Geschäft angestellt.  ☐

**3 e**   Sie steht morgens um sechs Uhr auf.  ☐

*[5 marks]*

**4**   Translate the following passage into **German**.

> I would like to apply for the position of gardener in your company. The job interests me because I am practical and I enjoy working outdoors. I have been doing voluntary work as a gardener for six months, so I already have experience. I have sent you my CV.

...........................................................................................................................

...........................................................................................................................

...........................................................................................................................

...........................................................................................................................

...........................................................................................................................

...........................................................................................................................

...........................................................................................................................

*[12 marks]*

Score: ☐ /**32**

☹ ☐   ☺ ☐   ☺ ☐

# Literary Texts

**1**  Lies den Abschnitt aus dem Buch ‚Hansi‘, geschrieben von Ida Frohnmeyer.

> Im Juli und August waren lange Ferien, das wusste Hansi. Alle Jungen sprachen von diesen Ferien. Jeder war irgendwohin eingeladen, zu Verwandten oder guten Freunden, und jeder hatte etwas Schönes von den kommenden Wochen zu erzählen.
>
> Nur Hansi nicht. Er wusste nicht, dass ihn eine Tante längst eingeladen hatte, und niemand dachte daran, ihm etwas davon zu sagen. Da überkam ihn nach und nach eine große Traurigkeit. „Alle werden sie fortgehen, dann bin ich ganz allein,“ dachte das Hänschen, und in Gedanken durchwanderte er das große Haus und hörte vergeblich auf die totenstillen Klassenzimmer.

Beantworte die Fragen. Schreib **R**, wenn die Aussage **richtig** ist. Schreib **F**, wenn die Aussage **falsch** ist. Schreib **NT**, wenn die Aussage **nicht im Text** ist.

**1 a**  Hansi war nicht sicher, wann die Sommerferien waren.

**1 b**  Hansis bester Freund hatte vor, die Ferien bei Verwandten zu verbringen.

**1 c**  Alle Jungen außer Hansi hatten Pläne für die Ferien.

**1 d**  Hansi mochte seine Tante nicht.

**1 e**  Hansi freute sich auf die Ferien.

*[5 marks]*

**2**  Lies den Abschnitt aus dem Buch ‚Woher die Kindlein kommen‘, geschrieben von Hans Hoppeler. Beantworte die Fragen auf **Deutsch**.

> „Mutter, warum bist du nicht mehr dünn und schlank wie früher, und hast einen so großen **Leib**[1]?“
> Und die Mutter sagt: „Ein Bruder oder eine Schwester ist für dich da drinnen. Das Kind ist schon groß und braucht viel Platz.“
> „War ich auch da drinnen, liebe Mutter?“ fragt das Mädchen weiter.
> „Natürlich, du kleiner **Schelm**[2]. Du warst so groß und schwer, dass ich dich kaum tragen konnte!“ Da lacht das Mädchen lustig: „Ich freue mich, bis ich eine Schwester oder einen Bruder habe.“                **[1]belly**          **[2]rascal**

**2 a**  Wie wird sich das Familienleben für das Mädchen bald ändern?

............................................................................................................................  *[1 mark]*

**2 b**  Wie fühlt sich das Mädchen, wenn ihre Mutter ihr die Nachricht gibt?

............................................................................................................................  *[1 mark]*

**3** Lies den Abschnitt aus dem Theaterstück ‚Frühlings Erwachen‘, geschrieben von Frank Wedekind. Beantworte die Fragen auf **Deutsch**.

> **Frau Gabor**: Du siehst aber gar nicht gut aus. — Fühlst du dich nicht wohl?
>
> **Moritz**: Es ist nichts Ernstes. Ich bin die letzten Abende etwas spät zu Bett gekommen.
>
> **Melchior**: Er hat die ganze Nacht für die Schule gelernt.
>
> **Frau Gabor**: Du sollst so etwas nicht tun, Moritz. Du sollst auf dich aufpassen. Deine Gesundheit ist wichtiger als die Schule. — spazieren gehen in der frischen Luft! Das ist in deinen Jahren mehr wert als viel zu lernen.
>
> **Moritz**: Ich werde spazieren gehen. Sie haben recht. Man kann auch während des Spazierengehens fleißig sein.

**3 a** Warum fragt Frau Gabor, ob es Moritz gut geht?

.............................................................................................................. *[1 mark]*

**3 b** Frau Gabors Meinung nach, was könnte Moritzes Gesundheit schaden?

.............................................................................................................. *[1 mark]*

**3 c** Moritzes Meinung nach, was ist ein Vorteil des Spazierengehens?

.............................................................................................................. *[1 mark]*

**4** Hör den Abschnitt aus dem Buch ‚Im Westen nichts Neues‘, geschrieben von Erich Maria Remarque. Schreib den richtigen Buchstaben ins Kästchen.

**4 a** Wie fühlt sich der Sprecher?

| A | Er ist ängstlich. |
|---|---|
| B | Er ist müde. |
| C | Er ist entspannt. |

*[1 mark]*

**4 b** Was sieht man aus dem Fenster?

| A | Man sieht nichts außer Häuser. |
|---|---|
| B | Man sieht eine Straße mit einer Kirche. |
| C | Man sieht die ganze Stadt. |

*[1 mark]*

**4 c** Was sagt der Sprecher über das Zimmer?

| A | Es ist ganz anders als vorher. |
|---|---|
| B | Es sieht aus wie früher. |
| C | Es ist sehr unordentlich. |

*[1 mark]*

Score: ☐ /**13**

# Cases — Nominative and Accusative

**1** Underline the subject or subjects in each sentence below.

**a** Ich gehe ins Kino.

**b** Mein Bruder mag Tischtennis.

**c** Wir haben einen Affen gesehen.

**d** Mein Vater isst einen Kuchen.

**e** Gestern habe ich Federball gespielt.

**f** Wann besuchst du deine Tante?

**g** Mein Freund ist sehr komisch.

**h** Habt ihr schon gegessen?

**i** Fußball ist langweilig.

**j** Meine Mutter und ich gehen einkaufen.

**k** Frankreich ist ein schönes Land.

**l** Jeden Morgen bellt der Hund.

**2** Underline the word or words in the accusative case in the sentences below.

**a** Lara hat eine Hose gekauft.

**b** Ich trage sehr oft einen Schal.

**c** Das Auto da will ich haben.

**d** Meine Eltern sprechen Spanisch.

**e** Ich habe Schokolade mitgebracht.

**f** Wir benutzen oft soziale Medien.

**g** Mario hat eine E-Mail geschrieben.

**h** Zusammen schauen wir einen Film an.

**i** Möchten Sie eine Tasse Tee trinken?

**j** Du musst deine Hausaufgaben machen.

**k** Ich habe mein Handy zu Hause vergessen.

**l** Mathe finde ich sehr langweilig.

**3** Write down whether the words in **bold** are in the **nominative** or the **accusative** case.

**a** Ich esse **den Apfel** zum Frühstück. .....................................

**b** **Ich** esse den Apfel zum Frühstück. .....................................

**c** Er kauft immer **Bonbons**. .....................................

**d** **Er** kauft immer Bonbons. .....................................

**e** **Suzi** sieht jeden Abend einen Film. .....................................

**f** Suzi sieht jeden Abend **einen Film**. .....................................

**g** **Die Engländerin** singt ein Lied. .....................................

**h** Die Engländerin singt **ein Lied**. .....................................

**i** Sie trinkt **das Mineralwasser**. .....................................

**j** **Sie** trinkt das Mineralwasser. .....................................

**k** Am Wochenende spielen wir **Fußball**. .....................................

**l** Am Wochenende spielen **wir** Fußball. .....................................

> Remember — the **nominative case** is used for the person or thing **doing** the action. The **accusative case** is used for the person or thing the action is being **done to**.

# Cases — Genitive and Dative

**1**  Write down whether the words in **bold** are in the **genitive** or the **dative** case.

    **a**  Ben schreibt **seinem Freund** einen Brief.  .............................................

    **b**  Er gibt **seiner Freundin** ein Geschenk.  .............................................

    **c**  Mein Vater kennt den Chef **der Bank**.  .............................................

    **d**  Das Auto **meiner Tante** ist blau.  .............................................

    **e**  Ich helfe **dem Freund** meiner Mutter.  .............................................

    **f**  Sie fährt den Wagen **ihres Vaters**.  .............................................

    **g**  Ich singe **meinem Freund** ein schönes Lied.  .............................................

    **h**  Ich stehle das Eis **des Mädchens**.  .............................................

> The genitive case shows possession.

**2**  Circle the correct words in **bold** to complete the sentences below.

    **a**  Ich sah den Freund **meines Vaters** / **meinem Vater**.

    **b**  Ich verkaufe das Haus **meines Opas** / **meinem Opa**.

    **c**  Ich gehe in die Stadt mit **meines Bruders** / **meinem Bruder**.

    **d**  Ich treffe die Freundin **meines Bruders** / **meinem Bruder**.

    **e**  Ich schreibe **meines Freundes** / **meinem Freund** eine E-Mail.

    **f**  Der Lehrer hilft **des Schülers** / **dem Schüler**.

    **g**  Der Hund isst die Kekse **des Kindes** / **dem Kind**.

**3**  Add an '**n**' to the words in the sentences below where it is needed.

> Not all the nouns will need an 'n'.

    **a**  Ich gehe mit meinen Freunde...... essen.

    **b**  Ich gebe meinen Brüder...... die Bücher...... .

    **c**  Sie schreibt ihren Geschwister...... eine Postkarte...... .

    **d**  Ich mache einen Kuchen mit Erdbeere...... darauf.

    **e**  Der Lehrer hilft den Studente...... mit ihren Probleme...... .

# Words for People, Places and Objects

**1**   Underline the noun or nouns in each sentence below.

**a**   Die Blumen sind auf dem Tisch.

**b**   Ich finde Snooker langweilig.

**c**   Mein Bruder und ich lesen gern Krimis.

**d**   Meine Sportschuhe sind grün.

**e**   Das blaue Kleid steht meiner Schwester gut.

**f**   Mein Cousin kauft ein Schokoladeneis.

**g**   Es gibt keinen Dom in meiner Stadt.

**h**   Heute scheint die Sonne.

**i**   Sophie isst viel Kuchen.

**j**   Dein Freund hat ein neues Auto.

**k**   Herr Meyer fliegt nach Spanien.

**l**   Wo ist mein Regenschirm?

**2**   Write **M**, **F** or **N** after each group of nouns to show whether they are masculine, feminine or neuter.

**a**   Mädchen   Liebchen   Kätzchen   .........

**b**   Metzgerei   Konditorei   Bäckerei   .........

**c**   Ärztin   Polizistin   Lehrerin   .........

**d**   Montag   Dienstag   Freitag   .........

**e**   Sommer   Winter   Frühling   .........

**f**   Lesen   Schwimmen   Schlittschuhlaufen   .........

**g**   Abteilung   Buchhandlung   Bedienung   .........

**h**   Informatiker   Sekretär   Lehrer   .........

**i**   Mannschaft   Freundschaft   Landschaft   .........

**j**   Februar   Juni   Dezember   .........

**k**   Gesundheit   Vergangenheit   Gewohnheit   .........

**l**   Geburtsdatum   Stadtzentrum   Arbeitspraktikum   .........

**3**   Circle the correct form of the noun in **bold** to complete these sentences.

**a**   Der **Junge** / **Jungen** geht ins Kino.

**b**   Ich gebe dem **Mensch** / **Menschen** das Geld.

**c**   Die Dame besucht den **Herrn** / **Herr**.

**d**   Wir sehen die **Herrn** / **Herren** auf der Straße.

**e**   Das Mädchen spielt Fußball mit dem **Junge** / **Jungen**.

**f**   Was ist der erste Buchstabe deines **Namen** / **Namens**?

**4**    Write out the plural forms of these nouns.

**a**    die Wurst    .................................

**g**    der Tag    .................................

**b**    das Lied    .................................

**h**    die Einladung    .................................

**c**    die Blume    .................................

**i**    die Birne    .................................

**d**    der Zahn    .................................

**j**    der Bruder    .................................

**e**    das Kind    .................................

**k**    das Haus    .................................

**f**    das Sofa    .................................

**l**    das Doppelbett    .................................

**5**    Translate these sentences into **English**.

**a**    Der Alte ist sehr alt.

.........................................................................

**b**    Der Obdachlose ist obdachlos.

.........................................................................

**c**    Die Intelligente ist wirklich intelligent.

.........................................................................

**6**    Complete these sentences by turning the adjectives in **bold** into nouns.

**Example:**    Die ___Alte_____ wohnt in der Nähe.    **alt**

**a**    Der ......................... besucht England.    **deutsch**

**b**    Die ......................... kommen aus Deutschland.    **deutsch**

**c**    Die ......................... geht in die Grundschule.    **klein**

**d**    Die ......................... sind entsetzlich.    **klein**

**e**    Der ......................... rettet meinen Hund.    **nett**

**f**    Ich gebe den ......................... viele Geschenke.    **nett**

**g**    Ich rede mit den ......................... .    **freundlich**

**h**    Der ......................... erzählt viele Witze.    **freundlich**

# Word Order

**1** Rewrite these sentences putting the time phrase in **bold** at the beginning.

**a** Ich gehe **am Freitag** in die Stadt. _____

**b** Ich besuche London **im April**. _____

**c** Wir gehen **am Wochenende** einkaufen. _____

**d** Ich verlasse das Haus **um neun Uhr**. _____

**e** Er kommt **morgen** nicht in die Schule. _____

**f** Sie spielt **jeden Abend** Hockey. _____

**2** Complete the **German** translations of these sentences.

**Example:** *He plays tennis.* — Er spielt Tennis.
*He will play Tennis.* — Er wird _Tennis spielen_____ .

**a** *I visit my grandmother.* — Ich besuche meine Großmutter.
*I will visit my grandmother.* — Ich werde _____ .

**b** *We go to the cinema.* — Wir gehen ins Kino.
*We will go to the cinema.* — Wir werden _____ .

**c** *She goes into town.* — Sie geht in die Stadt.
*She goes into town at two o'clock.* — Sie geht _____ .

**d** *He eats.* — Er isst.
*He eats with friends every evening.* — Er isst _____ .

**3** Rewrite these groups of words to form correct sentences.
There's more than one right answer for each group.

**a** ich Volleyball spiele am Freitag _____

**b** am Samstag ich spiele Golf _____

**c** ich werde besuchen Frankreich im Juli _____

**d** im August werde ich reisen nach Frankreich _____

**e** ich fahre mit dem Bus am Montag in die Schule _____

**f** am Dienstag fahre ich in die Schule mit dem Rad _____

# Coordinating Conjunctions

**1**   These sentences have the wrong conjunctions in them. Choose the correct conjunction from the box — use each one only **once**.

| und aber denn oder |
| --- |

   **a**   Was magst du am liebsten — Schokolade aber Karotten? ..........................................

   **b**   Ich möchte ein Kilo Kartoffeln denn 500 Gramm Erbsen. ..........................................

   **c**   Wir gehen wandern, oder die Sonne scheint. ..........................................

   **d**   Sie will ihren Freund sehen, und er ist krank. ..........................................

**2**   Join up each pair of sentences, using a conjunction from the box. Use each conjunction only **once**.

| und aber denn oder |
| --- |

   **a**   Ich schwimme gern. Ich tanze gern.

   ..........................................................................................................

   **b**   Mein Bruder möchte im Freibad schwimmen. Es ist zu kalt.

   ..........................................................................................................

   **c**   Sie bleibt zu Hause. Sie hat Fieber.

   ..........................................................................................................

   **d**   Kommst du mit? Gehst du nach Hause?

   ..........................................................................................................

**3**   Translate these sentences into **German**.

   **a**   We are learning French and German.

   ..........................................................................................................

   **b**   My mother would like to go to Spain or Italy.

   ..........................................................................................................

   **c**   I love cake but it is unhealthy.

   ..........................................................................................................

# Subordinating Conjunctions

**1** Fill in each gap with a conjunction from the box — use each one only **once**.

**a** Ich bleibe zu Hause, ............................... es regnet.

**b** Er fährt auf Urlaub, ............................... er kein Geld hat.

**c** Ich komme heute nicht ins Konzert, ............................... ich krank bin.

**d** Ich studiere Deutsch, ............................... ich in Hamburg arbeiten kann.

**e** Ich weiß nicht, ............................... sie mich liebt.

**f** Wir werden warten, ............................... du ankommst.

| |
|---|
| weil |
| damit |
| bis |
| ob |
| obwohl |
| wenn |

**2** Join up each pair of sentences, using the conjunction in **bold**.

**a** Ich sonne mich.  Es ist heiß.  **wenn**

.......................................................................................................................................

**b** Wir essen im chinesischen Restaurant.  Wir gehen ins Theater.  **bevor**

.......................................................................................................................................

**c** Er wohnt bei seinen Eltern.  Er geht an die Uni.  **bis**

.......................................................................................................................................

**d** Sie lernt jeden Abend.  Sie hat Prüfungen im Mai.  **weil**

.......................................................................................................................................

**3** Circle the correct conjunction in **bold** to complete these sentences.

**a** Ich kaufe ein Auto, **ob** / **nachdem** / **obwohl** ich nicht fahren kann.

**b** Er weiß, **weil** / **als** / **dass** ich ihn nicht mag.

**c** **Als** / **Bevor** / **Bis** sie jung war, konnte sie kein Fleisch essen.

**d** Er las das Buch, **ob** / **nachdem** / **dass** er nach Hause kam.

**e** Ich möchte Arzt werden, **bis** / **damit** / **ob** ich Menschen helfen kann.

**f** Sie will in Berlin wohnen, **weil** / **dass** / **obwohl** sie Deutschland liebt.

# 'The', 'A' and 'No'

**1**    Fill in the gaps with the correct **German** word for 'the'. The cases are given in **bold**.

**Example:**    .....Die..... Katze schläft auf dem Bett.  **nominative**

**a**    Ich mag ............... Hund.  **accusative**

**b**    Ich singe ............... Hund ein Lied.  **dative**

**c**    Er sieht .............. Kaninchen im Garten.  **accusative**

**d**    Die Farbe .............. Autos ist rot.  **genitive**

**e**    Die Maus gehört ............... Kind.  **dative**

**f**    Ich gebe ............. Eseln Karotten.  **dative**

**2**    Complete the sentences by using the correct **German** form of 'the' and 'a'.

**a**    ................. (the) Erwachsenen kaufen ............... (a) neues Haus.

**b**    Mein Hund spielt mit ............. (the) Ball.

**c**    Ich brauche .............. (a) deutsches Wörterbuch.

**d**    .............. (the) Mädchen sieht jede Woche ............. (a) neuen Film.

**e**    Er besucht ............. (a) Museum in ............. (the) Stadtmitte.

**f**    ............. (the) Wände ............... (of the) Schlafzimmers sind grün.

**3**    Complete these sentences with the correct form of the words in brackets.

**Example:**    Gestern habe ich ....keine.... (no) Schokolade gegessen.

**a**    Ich habe ................. (a) Hund, aber ................. (no) Katze.

**b**    In meiner Stadt gibt es ................. (no) Kino und ................. (no) Dom.

**c**    ............... (no) Freunde haben mich besucht, als ich krank war.

**d**    Ich will ............. (a) Pizza essen, aber es gibt ............. (no) italienisches Restaurant.

**e**    Gestern war ich mit ............. (a) Freundin in ............. (a) Museum.

**f**    Gibt es ............. (a) Hotel in der Nähe? Nein, es gibt ............. (no) Hotel.

# Words to Describe Things

**1** Complete the sentences by translating the words in **bold** into **German**.

a   Mein Bruder ist ............................... .   **stupid**

b   Ich finde Mathe ............................... .   **boring**

c   Meine Oma ist ............................... .   **funny**

d   Das Gebäude ist ............................... .   **ugly**

**2** Complete the sentences with the correct adjective endings.

a   Die braun..... Katze schläft auf dem grün..... Sofa neben dem weiß..... Kaninchen.

b   Die klein..... Kinder spielen mit dem groß..... Hund in dem schön..... Park.

c   Sie findet den schwarz..... Regenmantel und den rot..... Hut des alt..... Mannes.

d   Ich gebe dem klein..... Mädchen die lecker..... Kekse und das frisch..... Obst.

e   Das gelb..... Auto gehört der groß..... Frau mit den lockig..... Haaren.

**3** Complete the sentences with the correct adjective endings.

a   Ein schwarz..... Hund spielt mit einem rot..... Ball in einem schön..... Garten.

b   Ich gebe meiner jünger..... Schwester ein alt..... Kleid und einen neu..... Rock.

c   Ich habe keine gut..... Freunde in meiner neu..... Schule.

d   Ich schreibe meinem best..... Freund eine lang..... E-Mail und einen kurz..... Brief.

e   Er hat einen groß..... Bruder und eine klein..... Halbschwester.

**4** Translate the following phrases into **German**, using the correct adjective endings.

a   fresh milk   ...............................

b   cold beer   ...............................

c   two red apples   ...............................

d   few hot days   ...............................

e   warm water   ...............................

f   some small dogs   ...............................

g   lots of big dogs   ...............................

h   ten green bottles   ...............................

72

**5** | Complete these sentences with the correct articles and endings.

**a** ................ (the) neu..... Haus liegt in ............... (a) ruhig..... Dorf.

**b** Sie trägt immer ............... (a) blau..... Rock und braun..... Stiefel.

**c** Meine älter..... Schwester hat viele sympathisch..... Freunde.

**d** Wir besuchen ............... (the) historisch..... Marktplatz und ............... (the) neu..... Museum.

**e** Wir reden mit unser..... italienisch..... Onkel und sein..... amerikanisch..... Frau.

**f** Mein klein..... Bruder muss ............... (a) unpraktisch..... Schuluniform tragen.


**6** | Circle the correct form of **dieser** or **welcher** to complete the sentences below.

**a** **Welcher / Welchen** Zug fährt nach Köln?

**b** Ich möchte zum Zoo fahren. **Welcher / Welchen** Bus sollte ich nehmen?

**c** **Diese / Dieser** Kuchen sind lecker.

**d** In **welcher / welche** Stadt hast du studiert?

**e** Die beiden Kleider sind schön. **Welchen / Welches** kaufst du?

**f** Auf der Party habe ich **dieser / diesen** Hut getragen.

**g** Aus **welchen / welchem** Land kommt Ihr Freund?

**h** Habt ihr von **dieser / diesem** Schriftstellerin gehört?


**7** | Translate these sentences into **German**.

**a** These red shoes are quite ugly.

......................................................................................................................

**b** My small, blue car is very fast.

......................................................................................................................

**c** Which old man did they see?

......................................................................................................................

**d** Your new boyfriend is very strange.

......................................................................................................................

# Words to Compare Things

**1**    Finish off these sentences with the comparative form of the adjective in **bold**.

**Example:**    Die Maus ist **klein**, aber die Spinne ist _kleiner_ .

**a**    Felix ist **schnell**, aber Leonie ist ............................... .

**b**    Mein Auto ist **langsam**, aber dein Auto ist ............................... .

**c**    Dieser Film ist **gut**, aber der andere Film ist ............................... .

**d**    Meine Großmutter ist **alt**, aber mein Großvater ist ............................... .

**e**    Ein Pferd ist **groß**, aber ein Elefant ist ............................... .

**f**    Der Baum ist **hoch**, aber der Turm ist ............................... .

**2**    Complete these sentences with the superlative form of the adjective in **bold**.

**Example:**    Hannah ist äußerst **klein**. Sie ist _die Kleinste_ in ihrer Familie.

**a**    Alex ist sehr **schnell**. Sie ist ............................... in der Klasse.

**b**    Klaus ist immer **traurig**. Er ist ............................... .

**c**    Lea ist **seltsam**, Marta ist seltsamer, aber Jessica ist ............................... .

**d**    Mein Opa ist wirklich **alt**. Er ist ............................... in meiner Familie.

**e**    Das Kino ist ganz **nah**. Es ist ............................... .

**f**    Der Turm ist sehr **hoch**. Er ist ............................... .

**3**    Translate these sentences into **German**.

**a**    I am good, you are better, but she is the best.

.............................................................................................................................

**b**    My house is near, your house is nearer, but his house is the nearest.

.............................................................................................................................

**c**    The theatre is old, the church is older, but the cathedral is the oldest.

.............................................................................................................................

# Words to Describe Actions

**1** Translate these sentences into **English**.

**a** Er singt laut und schlecht. Sie tanzt gut.

......................................................................................................

**b** Ich fahre langsam und du sprichst seltsam.

......................................................................................................

**c** Mein Bruder arbeitet fleißig und schwimmt schnell.

......................................................................................................

**2** Complete the sentences using the adverbs from the box. Use each word only **once**.

> plötzlich   unglaublich   schlecht
> schön   langsam   glücklich

**a** Er spielt ........................................ , wenn er müde ist.

**b** Ich laufe sehr ........................................ , weil ich nicht fit bin.

**c** Das war wunderbar.  Du singst ........................................ .

**d** Der Film war ........................................ gut.

**e** Sie lächelt sehr ........................................ .

**f** ........................................ hat es angefangen zu regnen.

**3** Translate these sentences into **German**.

**a** She is quite small but she always runs very fast.

......................................................................................................

**b** Normally he is too lazy, but sometimes he works hard.

......................................................................................................

**c** We are almost there.  Unfortunately, we will definitely be late.

......................................................................................................

**d** I often dance happily.  My friends probably find that strange.

......................................................................................................

**4**  Choose a suitable adverbial phrase from the box to complete the sentences.

a  ............................ scheint die Sonne, aber meistens regnet es.

b  Ist er ............................ da?  Ich habe ihn noch nicht gesehen.

c  Der Zug kommt ............................ spät an, es ist sehr ärgerlich.

d  Ich bin ............................ krank gewesen und bin noch schwach.

e  Hast du ............................ etwas Schönes gemacht?

f  Ich fahre ............................ nach Spanien und freue mich sehr darauf.

> immer
>
> neulich
>
> manchmal
>
> nächste Woche
>
> gestern Abend
>
> schon

**5**  Complete the sentences with the **German** translations of the adverbial phrases given in **bold**.

**Example:**  Er war *nirgendwo* zu sehen.  **nowhere**

a  Die Stadt ist heute sehr belebt — es gibt ............................ Menschen.  **everywhere**

b  Es gibt ............................ ein schönes Café.  Wollen wir hingehen?  **over there**

c  ............................ kommt mein Freund mich besuchen.  **the day after tomorrow**

d  Ich bin mir sicher, dass ich sie ............................ gesehen habe.  **somewhere**

e  Mein Bruder ist ............................ in London angekommen.  **this morning**

f  Es ist wirklich schön, wieder ............................ in Heidelberg zu sein.  **here**

**6**  Complete the sentences with the correct word from the box.

a  ............................ bist du hierher gekommen — mit dem Zug oder mit dem Auto?

b  ............................ habe ich meine Jacke gelassen?  Ich kann sie nicht finden.

c  ............................ muss ich für die Fahrkarte bezahlen?

d  ............................ ist der Lehrer heute so schlecht gelaunt?

e  ............................ findet die Party statt — am Freitag oder am Samstag?

> wann
>
> warum
>
> wo
>
> wie
>
> wie viel

**7**  Translate the sentences below into **German**.

a  He was there very early.

  ..................................................................................

b  We always sit over there.

  ..................................................................................

Section 12 — Grammar

# Words to Compare Actions

**1** Translate these sentences into **English**.

**a** Al spricht lauter als Eoin. ..................................................................................

**b** Rhys tanzt genauso gut wie Faiz. ..................................................................................

**c** Sami lächelt nicht so oft wie Aled. ..................................................................................

**d** Jo mag Rugby genauso viel wie Pete. ..................................................................................

**2** Complete these sentences, using the English translations to help you.

**a** Thomas fährt langsam, Anna fährt .............................. , aber Hans fährt .............................. .
*Thomas drives slowly, Anna drives **slower**, but Hans drives **the slowest**.*

**b** Ich schreibe schlecht, er schreibt .............................. , aber du schreibst .............................. .
*I write badly, he writes **worse**, but you write **the worst**.*

**c** Er läuft viel, sie läuft .............................. , aber ich laufe .............................. .
*He runs a lot, she runs **more**, but I run **the most**.*

**d** Du singst gut, sie singt .............................. , aber er singt .............................. .
*You sing well, she sings **better**, but he sings **the best**.*

**3** Complete the sentences with the **German** translations of the words given in **bold**.

**a** Ich mag Geschichte, aber Englisch gefällt mir .............................. . **the best**

**b** Tanzen macht Spaß, aber ich gehe .............................. ins Kino. **preferably**

**c** Ich komme .............................. in die Stadt mit. **willingly**

**d** Du hast .............................. Geschenke, aber ich habe .............................. . **many, more**

**4** Translate the sentences below into **German**.

**a** Joanna is just as friendly as Morag.

..................................................................................................................................

**b** Megan runs less quickly than Anna.

..................................................................................................................................

# I, You, He, She, We, They

**1**   Write out these sentences again and replace the noun in **bold** with the correct pronoun.

**Example:**   Der Junge ist nett. **Der Junge** ist mein Freund.   *Der Junge ist nett. Er ist mein Freund.*

**a**   Der Hund ist schwarz. **Der Hund** heißt Max.

.......................................................................................................

**b**   Die Kinder gehen nicht in die Schule. **Die Kinder** spielen im Garten.

.......................................................................................................

**c**   Das Haus ist modern. **Das Haus** liegt am Stadtrand.

.......................................................................................................

**d**   Marie ist meine beste Freundin. **Marie** ist sehr sympathisch.

.......................................................................................................

**2**   Choose the correct form of 'you' to use in the following situations when speaking **German**.

**a**   Saying to your mum: 'Have you seen my mobile?' ...............................

**b**   Saying to your teacher: 'Could you explain that again, please?' ...............................

**c**   Asking a policeman in the street for directions. ...............................

**d**   Asking a few friends: 'Would you like to come to my party?' ...............................

**e**   Arranging to meet a friend at the cinema: 'Can you meet me at 7 pm?' ...............................

**f**   Asking your friend's parents: 'Did you enjoy your holiday?' ...............................

**3**   Circle the correct pronoun in **bold** to complete the sentences.

**a**   Geben Sie **mich** / **mir** das Buch.

**b**   Meine Katze beißt **mich** / **mir** immer.

**c**   Ich werde **dich** / **dir** ein Lied singen.

**d**   Ich danke **Sie** / **Ihnen** für Ihre Blumen.

**e**   Er spricht mit **wir** / **uns** über **ihr** / **euch**.

**f**   Ich habe **ihn** / **ihm** gesehen.

**g**   Du hilfst **sie** / **ihr**.

**h**   Geht **ihr** / **euch** in dieselbe Schule?

Section 12 — Grammar

# Reflexive Pronouns

**1**   Translate the sentences below into **English**.

**a**   Wir setzen uns schnell.

.................................................................................................................................

**b**   Ich habe mich geduscht und dann gefrühstückt.

.................................................................................................................................

**c**   Ich putze mir die Zähne.

.................................................................................................................................

**2**   Complete the sentences by adding the correct reflexive pronouns.

**a**   Ich habe ..................... eine modische Uniform gewünscht.

**b**   Mein Freund fühlt ..................... sehr kalt.  Er hat ..................... nicht warm genug angezogen.

**c**   Du hast ..................... heute Morgen nicht die Zähne geputzt.

**d**   Ich freue ..................... sehr auf deinen Besuch.

**e**   Ihr interessiert ..................... für Geschichte.  Sie interessieren ..................... für Mathe.

**f**   Ich kann ..................... gar nicht vorstellen, warum du ..................... einen Hund wünschst.

**3**   Complete the sentences using the correct forms of the verbs from the box.
Don't forget to make the reflexive pronoun agree with the subject.

**Example:**   Meine Katze *sonnt sich* ..................... sehr gern im Garten.

| | |
|---|---|
| | sich fühlen |
| | sich freuen |
| | sich umziehen |
| | sich entspannen |
| | sich setzen |
| | sich wünschen |
| | sich entschuldigen |
| | ~~sich sonnen~~ |

**a**   Meine Eltern ..................... auf ihren Urlaub in Spanien.

**b**   Michael kommt heute nicht, denn er ..................... sehr krank.

**c**   Er ..................... ein neues Fahrrad zu Weihnachten.

**d**   Wir ..................... gern am Strand.

**e**   Ihr könnt ..................... . Der Film fängt gleich an.

**f**   Ich musste ..................... , weil ich spät gekommen bin.

**g**   Du solltest ..................... . Dein Hemd ist sehr dreckig.

*Don't forget that when you have a modal verb, the second verb is in the infinitive.*

# Relative and Interrogative Pronouns

**1**   Circle the correct pronoun in **bold** to complete the sentences.

**a**   Die Studentin, **die** / **der** Italienisch spricht, ist launisch.

**b**   Der Mann, **der** / **den** ich gestern besucht habe, ist krank.

**c**   Das Baby, **das** / **dessen** immer weint, ist sehr klein.

**d**   Die Freundin, mit **die** / **der** ich telefoniere, ist sehr sympathisch.

**e**   Das Auto, **deren** / **dessen** Fenster kaputt ist, funktioniert nicht.

**f**   Die Fußballspieler, mit **deren** / **denen** ich spreche, kommen aus Frankreich.

**g**   Meine Tante, **deren** / **dessen** Haus sehr klein ist, hat viele Schlangen.

**h**   Der Bus, mit **der** / **dem** ich in die Stadt fahre, kommt immer spät an.

**2**   Join the sentences using the correct relative pronoun.

**Example:**      Der Junge heißt Bill.  Er wohnt in Leeds.

*Der Junge, der Bill heißt, wohnt in Leeds.*

....................................................................................................................................

**a**   Die Frau besucht meinen Opa.  Sie hat lange, braune Haare.

....................................................................................................................................

**b**   Die Kinder sind sieben Jahre alt.  Sie besuchen die Grundschule.

....................................................................................................................................

**c**   Alles war billig.  Es war hässlich.

....................................................................................................................................

**3**   Complete the sentences using the correct interrogative pronoun from the box.

| wen | wem | wem | was | wer | was für |

**a**   ...................... wohnt in deinem Haus?       **d**   ...................... hilfst du?

**b**   Mit ................... sprichst du?       **e**   ...................... hast du gemacht?

**c**   ...................... ein Auto hast du?       **f**   ...................... hast du besucht?

# Prepositions

**1**  Circle the correct preposition in **bold** to complete the sentences.

**a**  Es ist fünf **vorbei** / **nach** vier und er geht **zu** / **seit** dem Café.

**b**  Ich studiere Informatik **an** / **zu** der Universität.

**c**  **Im** / **Am** Abend bleiben wir **zu** / **nach** Hause und sehen fern.

**d**  Ich gehe **am** / **um** vier Uhr **bei** / **nach** Hause.

**e**  Mein Opa wohnt **bei** / **nach** mir.

**f**  Das Poster ist **an** / **auf** der Wand.

**g**  Fährt dieser Zug **zu** / **nach** München?

**h**  **Im** / **Am** Sommer gehen wir immer **zu** / **auf** Fuß in die Stadt.

**2**  Complete the sentences using the correct preposition from the box.

| zu | zu | zum | in | im | um | bei | auf | von | aus | an | am |
|----|----|----|----|----|----|----|----|----|----|----|----|

**a**  Heute bleibe ich ............. Bett.

**b**  Er kommt immer ............. Fuß.

**c**  ............. wie viel Uhr fährt der Zug?

**d**  Meine Mutter kommt ............. Irland.

**e**  Gehen wir ............. Bahnhof?

**f**  Ich wohne ............. meinen Großeltern.

**g**  ............. Morgen esse ich Toast.

**h**  Er wohnt ............. Schweden.

**i**  Das Foto ist ............. der Wand.

**j**  Die Katze schläft ............. dem Sofa.

**k**  Das ist ein Bild ............. meinem Bruder.

**l**  Ich muss heute ............. Hause bleiben.

**3**  These sentences have the wrong preposition. Rewrite them, replacing the word in **bold** with the correct preposition.

**a**  Diese Jacke ist **von** Leder. ...................................................................

**b**  Ist diese Torte **vor** mich? ...................................................................

**c**  Ich lerne **für** zwei Jahren Deutsch. ...................................................................

**d**  Der Zug ist **nach** London gekommen. ...................................................................

**e**  Deine Tasche ist **an** dem Tisch. ...................................................................

**4** Circle the correct word in **bold** to complete the sentences.

> Use the accusative case if there's movement, and the dative case if there isn't.

**a** Ich gehe **ins** / **im** Kino.

**b** Ich fahre über **die** / **der** Brücke.

**c** Ich bleibe **ins** / **im** Hotel.

**d** Das Buch liegt hinter **den** / **dem** Stuhl.

**e** Wir treffen uns vor **das** / **dem** Rathaus.

**f** Das Bild hängt an **die** / **der** Wand.

**g** Ich sitze auf **die** / **der** Brücke.

**h** Er geht hinter **das** / **dem** Sofa.

**i** Die Maus läuft unter **den** / **dem** Tisch.

**j** Das Haus ist neben **eine** / **einer** Bäckerei.

**5** Complete the sentences using the correct words from the box.

**a** Er geht die Straße ............................... .

**b** ............................... des Wetters spielen wir Tennis.

**c** West Ham spielt ............................... Hull.

**d** ............................... der Woche gehe ich nicht in die Stadt.

**e** Ich bin ............................... meine Tasche ............................... Schule gekommen.

**f** Ich spreche ............................... meinen Freunden ............................... Politik.

| mit | gegen |
|-----|-------|
| entlang | während | trotz |
| ohne | über | zur |

**6** Translate the phrases into **German**.

**a** on Friday ....................................................................

**b** on foot ....................................................................

**c** five to three ....................................................................

**d** twenty past four ....................................................................

**e** to the post office ....................................................................

**f** outside the town ....................................................................

**g** instead of a cake ....................................................................

**h** at three o'clock ....................................................................

**i** at the station ....................................................................

**j** a friend of mine ....................................................................

**k** because of the rain ....................................................................

**l** in front of the church *(dative)* ....................................................................

Section 12 — Grammar

# Verbs in the Present Tense

**1**    Write out the correct present tense form of each verb, to match the person given.

| | | | | | |
|---|---|---|---|---|---|
| **a** | hören — ich | ..................................... | **g** | schlagen — ich | ..................................... |
| **b** | lernen — wir | ..................................... | **h** | bringen — du | ..................................... |
| **c** | lieben — er | ..................................... | **i** | studieren — wir | ..................................... |
| **d** | sagen — ihr | ..................................... | **j** | trinken — ihr | ..................................... |
| **e** | schicken — Sie | ..................................... | **k** | stellen — sie *(pl.)* | ..................................... |
| **f** | reden — sie *(sing.)* | ..................................... | **l** | suchen — du | ..................................... |

**2**    Write out the correct present tense form of each verb, to match the person given.

| | | | | | |
|---|---|---|---|---|---|
| **a** | feiern — ich | ..................................... | **g** | segeln — du | ..................................... |
| **b** | feiern — du | ..................................... | **h** | segeln — man | ..................................... |
| **c** | feiern — er | ..................................... | **i** | segeln — sie *(pl.)* | ..................................... |
| **d** | klettern — ich | ..................................... | **j** | lächeln — ich | ..................................... |
| **e** | klettern — du | ..................................... | **k** | lächeln — ihr | ..................................... |
| **f** | klettern — sie *(sing.)* | ..................................... | **l** | lächeln — wir | ..................................... |

**3**    Translate the sentences into **German**.

**a**    I am going swimming. ..........................................................................................

**b**    We are going hiking. ..........................................................................................

**c**    They are going camping. ..........................................................................................

**d**    I go fishing at the weekend. ..........................................................................................

**e**    We go running on Wednesdays. ..........................................................................................

**4**    Translate the sentences into **German**.

**a**    Riyam is playing football. ..........................................................................................

**b**    My brother is writing an email. ..........................................................................................

**c**    My dad works on Saturdays. ..........................................................................................

**d**    Christopher is sailing today. ..........................................................................................

**e**    I've been living here for five years. ..........................................................................................

# More About the Present Tense

Watch out — all the verbs on this page are irregular.

**1**  Write the present tense forms of the verb **sein** — to be.

**a**  ich  ...........................  **d**  wir  ...........................

**b**  du  ...........................  **e**  ihr  ...........................

**c**  er / sie / es  ...........................  **f**  Sie / sie  ...........................


**2**  Write the present tense forms of the verb **haben** — to have.

**a**  ich  ...........................  **d**  wir  ...........................

**b**  du  ...........................  **e**  ihr  ...........................

**c**  er / sie / es  ...........................  **f**  Sie / sie  ...........................


**3**  Fill in the gaps with the correct form of the verb in **bold**.

**a**  Ich ........................... fünfzehn Jahre alt.  **sein**

**b**  ........................... ihr fertig?  **sein**

**c**  Meine Freundin ........................... jeden Tag einen Apfel.  **essen**

**d**  Der Feuerwehrmann ........................... gern in seinem Feuerwehrauto.  **fahren**

**e**  ........................... deine Großmutter eine Brille?  **tragen**

**f**  Markus ........................... Lotti Blumen.  **geben**

**g**  Ich ........................... nicht.  **wissen**

**h**  Mein Vater ........................... die Zeitung.  **lesen**


**4**  Translate the sentences into **German**.

**a**  Do you *(polite)* have a dog? ...........................................................................

**b**  We are not ready yet. ...........................................................................

**c**  Katja is wearing trousers. ...........................................................................

**d**  He knows nothing. ...........................................................................

**e**  Anupa no longer travels to London. ...........................................................................

**f**  She is eating chocolate. ...........................................................................

**5**  Circle the correct words in **bold** to complete the sentences.

**a**  Ich helfe **die Goldfische / den Goldfischen**.

**b**  Die Goldfische gehören **mich / mir**.

**c**  Er trägt immer **ein weißes Hemd / einem weißen Hemd**.

**d**  Sie dankt **mich / mir** sehr höflich.

**e**  Ich folge **das schwarze Auto / dem schwarzen Auto**.

**f**  Er weiß **die Wahrheit / der Wahrheit**.

**g**  Er glaubt **dich / dir** nicht.

**h**  Meine Mutter gratuliert oft **meine Schwester / meiner Schwester**.

**i**  Meine Hand tut **mich / mir** weh.

**j**  Meine Eltern glauben immer **die Lehrer / den Lehrern**.

**k**  Ihr lest jeden Tag **viele Bücher / vielen Büchern**.

**l**  Ich schreibe abends **meine Freunde / meinen Freunden** viele E-Mails.

**6**  Translate the sentences into **German** using impersonal forms with **es**.

**a**  It's raining today. ................................................................................................

**b**  There is not a lot to do in my town. ....................................................................

**c**  How is he? ...........................................................................................................

**d**  I like it here in Berlin. ........................................................................................

**e**  She is sorry. .........................................................................................................

**f**  It hurts. ................................................................................................................

**7**  Rearrange the words to form sentences using infinitive constructions.

**Example:**  gehe laufen Ich um zu bleiben fit   *Ich gehe laufen, um fit zu bleiben.*

**a**  um entspannen mich lese zu Ich ........................................................................

**b**  einkaufen muss gehen Ich ..................................................................................

**c**  versucht Spanisch Er lernen zu ..........................................................................

**d**  Geld verdienen Wir um zu arbeiten ...................................................................

# Talking About the Past — Perfect Tense

**1**   Give the **German** infinitives and past participles of the verbs below.

*Watch out — the ones in the second column don't follow the 'ge...t' pattern.*

**Example:**   to look for   <u>suchen, gesucht</u>

**a**   to make   ............................................

**b**   to believe   ............................................

**c**   to need   ............................................

**d**   to buy   ............................................

**e**   to ask   ............................................

**f**   to choose   ............................................

**g**   to visit   ............................................

**h**   to eat   ............................................

**i**   to work   ............................................

**j**   to explain   ............................................

**k**   to use   ............................................

**l**   to try   ............................................

**2**   Give the **German** infinitives that go with the past participles.

**Example:**   gelaufen   <u>laufen</u>

**a**   gefahren   ............................................

**b**   abgefahren   ............................................

**c**   gekommen   ............................................

**d**   angekommen   ............................................

**e**   geblieben   ............................................

**f**   gewesen   ............................................

**g**   passiert   ............................................

**h**   gefolgt   ............................................

**i**   gegangen   ............................................

**j**   ausgegangen   ............................................

**k**   geschehen   ............................................

**l**   geflogen   ............................................

**3**   Translate the sentences into **German** using the perfect tense.

*Remember to use **haben** and **sein** correctly.*

**a**   I went to London.   ............................................

**b**   He ate a cake.   ............................................

**c**   We visited an art gallery.   ............................................

**d**   He stayed in bed.   ............................................

**e**   The plane flew quickly.   ............................................

**f**   When did the train leave?   ............................................

**g**   We arrived at two o'clock.   ............................................

**h**   She drank a cup of tea.   ............................................

# Talking About the Past — Simple Past

**1**  Choose the correct simple past form of **sein** from the box to complete the sentences.

**a**  Ich ............................ sehr hungrig und du ............................ durstig.

**b**  Rebecca ............................ zu Hause aber ihre Eltern ............................ weg.

**c**  Fred ............................ elf Jahre alt.

**d**  Wir ............................ sehr traurig, dass du nicht gekommen bist.

**e**  ............................ ihr fertig, als er angekommen ist?

**f**  ............................ du schon in Frankreich?

**g**  Wie ............................ das Wetter im Urlaub?

| waren |
|-------|
| war |
| warst |
| wart |

**2**  Choose the correct simple past form of **haben** from the box to complete the sentences.

**a**  Meine Schwester ............................ ein neues Kleid zum Geburtstag.

**b**  Meine Freunde ............................ einen guten Urlaub.

**c**  Du ............................ ein gelbes Zelt.

**d**  Wir ............................ einen großen Wohnwagen.

**e**  Ihr ............................ gestreifte Krawatten.

**f**  Ich ............................ einen roten Apfel.

**g**  ............................ Sie Ihren eigenen Wagen?

| hatte |
|-------|
| hatten |
| hattet |
| hattest |

**3**  Complete the sentences by adding the correct simple past verb endings.

**a**  Wir mach...... zu viel Lärm und ärger...... unsere Nachbarn.

**b**  Mein Vater kauf...... ein neues Haus und ich kauf...... ein neues Auto.

**c**  Mein Großvater arbeite...... als Klempner.  Meine Eltern arbeite...... als Lehrer.

**d**  Du spiel...... Gitarre und besuch...... viele Konzerte.

**e**  Ihr putz...... die Küche und eure Freunde putz...... das Wohnzimmer.

**f**  Er stell...... die Tasse auf den Tisch und koch...... mehr Tee.

**g**  Du lieb...... Musik und ihr lieb...... Filme.

**h**  Als ich jung war, hass...... ich Bananen.  Meine Geschwister hass...... Blumenkohl.

**4**    Give the correct simple past form of these irregular verbs.  Match the person given.

**Example:**    singen — ich    *ich sang* .....................

   **a**    kommen — ich    .....................................     **i**    springen — wir    .....................................

   **b**    laufen — er    .....................................     **j**    werden — Sie    .....................................

   **c**    helfen — ich    .....................................     **k**    trinken — du    .....................................

   **d**    sehen — du    .....................................     **l**    gehen — wir    .....................................

   **e**    denken — sie *(pl.)* .....................................     **m**    fahren — sie *(sing.)* .....................................

   **f**    nehmen — ihr    .....................................     **n**    essen — ich    .....................................

   **g**    geben — ich    .....................................     **o**    bringen — ihr    .....................................

   **h**    schreiben — er    .....................................     **p**    sein — ich    .....................................

**5**    Translate the sentences below into **German** using the simple past.

   **a**    I drove to Birmingham and sang in the choir.

     ...........................................................................................................................

   **b**    We ate pizza and watched TV.

     ...........................................................................................................................

   **c**    My uncle drank coffee and put the cup on the table.

     ...........................................................................................................................

**6**    Translate the sentences below into **German** using the simple past.

   **a**    She had been working as a computer scientist for six months.

     ...........................................................................................................................

   **b**    I had been playing the guitar for two hours.

     ...........................................................................................................................

   **c**    We had been visiting the museum for five years.

     ...........................................................................................................................

Section 12 — Grammar

# Talking About the Past — Pluperfect Tense

**1**　Complete the sentences in the pluperfect tense using the correct form of **haben** or **sein**.

**a**　Ich ................................. ein Kilo Bananen gekauft.

**b**　Ich ................................. um elf Uhr nach Hause gegangen.

**c**　Du ................................. einen leckeren Schokoladenkuchen gemacht.

**d**　Er ................................. ein Geburtstagsgeschenk von seinen Klassenkameraden bekommen.

**e**　Wir ................................. in den Zug gestiegen und ................................. unsere Plätze gefunden.

**f**　Ich ................................. meine Hausaufgaben nicht gemacht.

**g**　Nachdem ich mein Zimmer aufgeräumt ................................. , sah ich ein bisschen fern.

**h**　Ich wusste nicht, was passiert ................................. .

**2**　Translate the sentences below into **German** using the pluperfect tense.

**a**　We had driven to Bristol.

.................................................................................................

**b**　She had stayed at home for hours.

.................................................................................................

**c**　I had not understood what had happened.

.................................................................................................

> This sentence uses both **haben** and **sein**.

**3**　Translate the sentences below into **English**.

**a**　Sie war sauer.  Sie hatte lange gewartet.

.................................................................................................

**b**　Er war zu dünn.  Er hatte in letzter Zeit nicht genug gegessen.

.................................................................................................

**c**　Wir waren sehr müde, weil wir jeden Tag viel Sport gemacht hatten.

.................................................................................................

# Talking About the Future

**1**   Translate the sentences below into **German** using the present tense.

    **a**   This summer, we are going to go swimming every day.

    ..................................................................................................

    **b**   I am buying a house next year.

    ..................................................................................................

    **c**   Tomorrow I am drinking only water.

    ..................................................................................................

**2**   Complete the sentences in the future tense using the correct form of **werden**.

    **a**   Du ................................. morgen in die Schule gehen.

    **b**   Susi und du, ihr ................................. zusammen dahin gehen.

    **c**   Susi ................................. um halb acht hier sein.

    **d**   Ich ................................. dich um halb sieben aufwecken.

    **e**   Wir ................................. Brötchen essen und Tee trinken.

    **f**   Deine Klassenkameraden ................................. in der Klasse sein.

    **g**   Deine neue Lehrerin ................................. sehr sympathisch sein.

    **h**   Du ................................. um halb zwei wieder nach Hause kommen.

**3**   Translate the sentences below into **German** using **werden** and the correct infinitives.

    **a**   Next year, I'm going to do lots of sport and play tennis regularly.

    ..................................................................................................

    **b**   Next week, Andre will travel by bus to the cinema.

    ..................................................................................................

    **c**   This summer, there will be lots of good films.

    ..................................................................................................

# Giving Orders

**1** Change these sentences into imperatives.

**a** Du stellst das Buch hin. ........................................................................................

**b** Ihr geht in die Schule. ........................................................................................

**c** Wir essen zusammen. ........................................................................................

**d** Du machst deine Hausaufgaben. ........................................................................................

**e** Sie arbeiten in Ihrem Garten. ........................................................................................

**f** Wir bringen unseren Hund mit. ........................................................................................

**g** Du besuchst deine Großeltern. ........................................................................................

**h** Ihr glaubt mir. ........................................................................................

**2** Complete these imperative phrases, using the English translation to help you.

**a** ............................... viel Wasser! — *Drink lots of water! (Sie)*

**b** ............................... diese Tabletten! — *Take these tablets! (du)*

**c** ............................... nach Hause! — *Let's go home!*

**d** ............................... die Katze mit! — *Bring the cat with you! (ihr)*

**e** ............................... Tennis mit mir! — *Play tennis with me! (du)*

**f** ............................... sich bitte! — *Sit down, please!*

**g** ............................... die Frau da drüben! — *Ask the woman over there! (Sie)*

**h** ............................... deinem Bruder! — *Help your brother! (du)*

**3** Translate these sentences into **German**.

**a** Let's go to the cinema! ........................................................................................

**b** Bring your sister with you! *(du)* ........................................................................................

**c** Give me your pen, please! *(Sie)* ........................................................................................

**d** Don't be late! *(ihr)* ........................................................................................

**e** Let's work in the kitchen! ........................................................................................

**f** Take lots of photos! *(du)* ........................................................................................

# Separable Verbs

**1**    Complete the sentences, using the present tense form of the separable verb in **bold**.

   **a**    Ich ........................... jeden Morgen ........................... . **abwaschen**

   **b**    Normalerweise ........................... er abends ........................... . **ausgehen**

   **c**    ........................... Sie bitte Ihren Koffer ........................... ! **mitnehmen**

   **d**    Am Montag ........................... meine Großeltern ........................... . **ankommen**

   **e**    Am Mittwoch ........................... ich Bernd sein Buch ........................... . **zurückgeben**

   **f**    Dave und Brian ........................... plötzlich ........................... zu singen. **anfangen**

   **g**    In meiner Freizeit ........................... ich gern ........................... . **fernsehen**

   **h**    Wann ........................... du ........................... zu weinen? **aufhören**

**2**    Rearrange the words to form sentences. There may be more than one possible answer.

   **Example:**    halb kommt Flugzeug um das an elf    *Das Flugzeug kommt um halb elf an.* .........................

   **a**    nächste ich zurück Woche fahre ...........................

   **b**    weggehen er morgen wird ...........................

   **c**    mitgenommen Computer hat seinen er ...........................

   **d**    hörte auf Regen der ...........................

**3**    Translate the sentences below into **German**.

   **a**    George will watch television tomorrow.

   ...........................................................................................................

   **b**    My present arrived on Friday. *(perfect tense)*

   ...........................................................................................................

   **c**    Did you *(du)* go out last night? *(simple past)*

   ...........................................................................................................

# Modal Verbs

**1**   Write in the correct present tense form of the following modal verbs, matching the person given.

**a**   wollen — ich .............................................

**f**   können — wir .............................................

**b**   mögen — du .............................................

**g**   müssen — ich .............................................

**c**   dürfen — er .............................................

**h**   mögen — ihr .............................................

**d**   müssen — sie *(sing.)* .............................................

**i**   wollen — wir .............................................

**e**   sollen — Sie .............................................

**j**   dürfen — sie *(pl.)* .............................................

**2**   Circle the correct simple past form of the verb in **bold** for each person.

**a**   ich **musste** / **mussten** / **musstet**

**f**   Sie **wollten** / **wollte** / **wolltest**

**b**   du **solltet** / **sollten** / **solltest**

**g**   sie *(pl.)* **solltest** / **solltet** / **sollten**

**c**   er **konntet** / **konnte** / **konntest**

**h**   ich **durfte** / **durften** / **durftest**

**d**   wir **durften** / **dürften** / **durftet**

**i**   sie *(sing.)* **mochte** / **mochtest** / **mochtet**

**e**   ihr **mochte** / **mochtet** / **mochten**

**j**   du **wollten** / **wolltest** / **wollte**

**3**   Translate the sentences below into **German**.

**a**   I am supposed to stay at home, but I want to go with them.

.............................................................................................................................

**b**   They must be very clever.

.............................................................................................................................

**c**   You *(informal pl.)* can speak Italian very well.

.............................................................................................................................

**d**   I had to learn Greek when I was five.

.............................................................................................................................

**e**   We wanted to write an email, but we didn't have a computer.

.............................................................................................................................

# Would, Could and Should

**1**    Complete the sentences using the correct conditional form of **werden** from the box.

**a**   Ich ............................. viel Sport treiben, aber ich bin zu faul.

**b**   Du ............................. Musik hören, aber dein Handy funktioniert nicht mehr.

**c**   Wir ............................. auf Urlaub fahren, aber wir haben kein Geld dafür.

**d**   Ihr ............................. vielleicht bessere Noten bekommen, aber ihr arbeitet zu wenig.

**e**   Chris ............................. Badminton spielen, aber es gibt keinen Klub in der Nähe.

**f**   Sie ............................. früher ankommen, aber sie können den Flug nicht buchen.

| würdest |
| würden |
| würde |
| würdet |

**2**    Translate the sentences below into **English**.

**a**   Möchtest du heute Abend eine DVD sehen?

..............................................................................................................

**b**   Könnten Sie mir bitte die Zahnpasta geben?

..............................................................................................................

**c**   Wenn ich nicht so müde wäre, würde ich heute Abend joggen gehen.

..............................................................................................................

**d**   Ich wäre glücklicher, wenn mein Bruder nicht so launisch wäre.

..............................................................................................................

**3**    Translate the sentences below into **German**.

**a**   I could clean my teeth if I had toothpaste.

..............................................................................................................

**b**   If I were at home, I would eat ice cream.

..............................................................................................................

**c**   It would be better if we went to the cinema tomorrow.

..............................................................................................................

Section 12 — Grammar

# Answers

*The answers to the translation questions are sample answers only, just to give you an idea of one way to translate them. There may be different ways to translate these passages that are also correct.*

## Section 1 — General Stuff

### Page 1: Numbers

1 a) neunzehn
  b) fünfundzwanzig
  c) sechsundvierzig

2 a) 15 minutes
  b) the third street on the right
  c) 55 metres
  d) over 10 euros

3 a) 8          c) 45
  b) 11 euros   d) 100

### Pages 2-3: Times and Dates

1 a) quarter past seven / 7.15 pm
  b) almost half an hour
  c) eight o'clock / 8 pm
  d) twenty to nine / 8.40 pm
  e) half past nine / 9.30 pm

2 Ich gehe samstags ins Kino. Letzte Woche habe ich eine Komödie gesehen / angeschaut. Am Wochenende gehe ich schwimmen. Übermorgen werde ich einkaufen / shoppen gehen.

3 a) B          c) A + B
  b) A          d) B

4 a) 25. Februar   c) 1. Juli
  b) 10. April     d) 11. Oktober

### Pages 4-5: Opinions

1 B, D, E, H

2 a) He finds it a bit strenuous.
  b) It's (too) boring.
  c) It was fabulous.
  d) It was very exciting.

3 Paul — Likes: going to the theatre
         Reason: He wants to be an actor.
  Clara — Likes: watching films
          Reason: You can watch them with friends or alone.

4 Als ich jünger war, mochte ich Rockmusik, aber jetzt mag ich Popmusik. Meine Lieblingssängerin heißt Anja Lan. Ich denke, dass sie toll ist, weil ihre Musik fantastisch ist. Ich glaube, dass sie nett / ein netter Mensch ist, und meiner Meinung nach ist sie (wunder)schön. Ich möchte nächstes Jahr ihr Konzert besuchen.

## Section 2 — Me, My Family and Friends

### Pages 6-7: About Yourself

1 a) C          c) L
  b) G          d) G

2 a) Meyer       c) 11th July
  b) Turkey      d) There's so much to do. / You can go to concerts.

3 a) Two from: Er hatte in der Schule viele Freunde. *[1 mark]* Heidelberg war hübsch. *[1 mark]* Es gab viel zu tun. *[1 mark]*
  b) Seine Großmutter wohnt in Berlin *[1 mark]* und wurde krank *[1 mark]*.
  c) noch besser als in Heidelberg

4 Mein Name ist / Ich heiße Martin und mein Spitzname ist Mart. Ich wohne in Dresden, aber ich bin in Schottland in der Nähe von Glasgow geboren. Ich möchte in Berlin wohnen. Ich bin neunzehn Jahre alt und ich habe im Oktober Geburtstag. Ich muss meinen Familiennamen / Nachnamen ziemlich oft buchstabieren, weil er sehr komisch ist.

### Page 8: My Family

1 a) zweiundsechzig   c) eins / einen Bruder
  b) seine Mutter     d) freundlich / fröhlich

2 Ich habe eine sehr große Familie und ich finde das klasse / prima / toll. Mein Bruder Jakob ist fünfzehn Jahre alt und wir verstehen uns gut. Meine Eltern heißen Emil und Kirsten. Obwohl sie jünger als ich ist, ist meine Schwester sehr unternehmungslustig. Ich liebe meine Großmutter, aber manchmal geht sie mir auf die Nerven, weil sie so altmodisch ist!

### Pages 9-10: Describing People

1 We live in a village near Swansea. My wife, who is called Saskia, is thirty-six years old and has short, curly, black hair. She also has big, brown eyes and I believe / think that she is very pretty. We never argue and she will always care for me.

2 A, D, E

3 a) He is the tallest in the family. / He has long, dark hair. / He always wears black clothes.
  b) her freckles
  c) They both have brown eyes.

4 Ich mag meine grünen Augen, aber ich hasse meine kurzen, braunen Haare. Meine Schwester hat lockige Haare und ich finde das hübsch. Im Sommer habe ich Sommersprossen. In der Zukunft will ich eine Tätowierung, weil sie schön sind.

### Page 11: Personalities

1 C, F, G, H

2 a) reliability      b) 70%       c) normally being happy

# Answers

## Page 12: Relationships

**1** Birgit — Positive: stepsister  Negative: grandmother
Noah — Positive: son  Negative: half-brother

**2** Ich verstehe mich schlecht mit meiner Mutter. Wir streiten uns oft und ich denke, dass sie mich nicht unterstützt. Ich habe ein gutes Verhältnis mit meinem Halbbruder und unsere Freundschaft ist mir sehr wichtig. Er kümmert sich immer um mich. Jedoch geht mir meine jüngere Schwester auf die Nerven, weil sie egoistisch ist.

## Page 13: Partnership

**1 a)** P + N  **b)** N  **c)** P

**2 a)** F  **c)** T  **e)** NT
**b)** NT  **d)** F  **f)** F

## Section 3 — Free-Time Activities

### Pages 14-15: Music

**1 a)** the guitar  **c)** the flute
**b)** the trumpet  **d)** the drums

**2** I would like to be a pop star, but my parents think that it's a terrible idea. I have been playing the piano for five years and I have one of the best voices in the school. Furthermore, I have written a song and my brother has composed the music. He is really musical and can play the violin. Music is in our blood.

**3** Last week there was a big concert in Berlin and I went to it with my friends. Our favourite band played — that was very exciting. I think that live music is really great, so I often go to concerts. I like rock music best and in the future I would like to learn to play the electric guitar.

**4** Früher mochte ich Popmusik, aber jetzt höre ich jeden Tag gern klassische Musik. Meiner Meinung nach ist sie herrlich, aber ich kann Volksmusik nicht leiden. Mein Lieblingsstück ist „Für Elise". Beethoven hat das Stück geschrieben / komponiert und er war auch hervorragender Klavierspieler. Ich möchte Klavier spielen lernen.

## Page 16: Cinema

**1** A, E, F

**2** Ich gehe mindestens einmal pro Monat ins Kino. Am Freitagabend gehe ich mit meiner Freundin Anna dorthin. Sie will einen Liebesfilm sehen, aber ich habe keine Lust. Ihrer Meinung nach wird es Spaß machen. Ich finde Liebesfilme langweilig und würde lieber einen Actionfilm sehen. Ich mag auch Horrorfilme.

## Page 17: TV

**1 a)** Keine Ahnung  **c)** Die Bremmens
**b)** Meine dumme Familie

**2** Mein Freund / Meine Freundin sieht jeden Tag drei Stunden (lang) fern, aber ich denke, dass es schlecht für die Gesundheit ist. Trotzdem sehe ich gern ab und zu fern. Ich sehe Dokumentarfilme, weil man viel lernen kann. Gestern habe ich eine sehr lustige Sendung gesehen. Morgen werde ich eine Seifenoper sehen.

## Page 18: Food

**1 a)** A  **b)** C  **c)** B

**2 a)** B  **b)** A  **c)** A + B

## Page 19: Eating Out

**1** I am (a) vegan, which means that I eat neither meat nor dairy products. Unfortunately it is difficult to find vegan food in restaurants. Last week it was my brother's birthday and we ate in an Italian restaurant. I could only order a salad. I hope that there will be more choice for vegans in future.

**2 a)** because the food was so tasty (last week)
**b)** a table for two people *[1 mark]* by the window *[1 mark]*
**c)** the duck
**d)** nuts

### Pages 20-21: Sport

**1** A, C, E, H

**2 a)** to the new sports centre (in Perchtoldsdorf)
**b)** ice skating
**c)** the café could be expensive
**d)** They will meet at 10.30 *[1 mark]* in front of the cinema / on Friedrichstraße *[1 mark]*

**3** I really like / enjoy sport. When I was young, I liked swimming. Now I go sailing twice a week and my favourite sport is windsurfing. Last weekend I went swimming with my friends and it was lots of fun. When I am older I would like to try waterskiing. That would be really great!

**4** Ich treibe nicht gern Sport, aber mein Bruder ist sportlich / sportbegeistert. Das Freizeitzentrum ist / befindet sich in der Nähe von unserem Haus und er geht fast jeden Tag dorthin. Gestern ist er mit seinen Freunden dort schwimmen gegangen. Morgen wird er dorthin gehen, um Federball zu spielen. Ich sehe lieber fern.

## Section 4 — Technology in Everyday Life

### Pages 22-23: Technology

**1** Nina —
Vorteil: Man kann sich schnell informieren.
Nachteil: Das Herunterladen von Informationen ist teuer.

Paul —
Vorteil: Man kann überall mit Freunden kommunizieren.
Nachteil: Man kann vom Handy abhängig werden.

# Answers

**2** Hallo Mia, wie war dein Tag? Wir treffen uns alle heute Abend bei mir, um einen Film zu sehen und Pizza zu essen. Wir werden uns um 20 Uhr treffen. Kannst du diese SMS an Ravi schicken und ihn fragen, ob er (mit)kommen möchte? Bis später! Sarah

**3 a)** make arrangements to meet up with her friends
  **b)** sending photos and videos to her friends
  **c)** you can download music and apps / downloading music is quick / downloading music is cheaper than buying CDs

**4** Gestern habe ich einen ganzen Tag ohne mein Handy verbracht. Normalerweise surfe ich im Internet oder ich chatte mit meinen Freunden nach der Schule. Es war ziemlich komisch, mein Handy nicht zu haben, und ich habe mich sehr gelangweilt. Denken Sie / Denkst du, dass ich von meinem Handy abhängig bin?

## Page 24: Social Media

**1** Hello / Hi Johanna,
Please can you send me the videos you took of the ice skating yesterday? I would really like to download them and then write a blog so that we can share our lovely memory with others. I had a lot of fun — let's meet up again soon. Text me / Send me a text if / when you have time.

**2 a)** B      **b)** C      **c)** B

## Page 25: The Problems with Social Media

**1** Soziale Medien sind unter Jugendlichen sehr beliebt. In der Schule haben wir gelernt, dass man online immer vorsichtig sein / aufpassen muss. Man soll(te) nicht zu viele persönliche Informationen teilen, insbesondere mit Fremden. Auch soll(te) man sich nie mit jemandem treffen, den man nicht kennt. Ich werde das nie machen / tun.

**2** Social media can be useful. However, you have to be careful who you meet / get to know online. Also, you damage your health if / when you spend too much time in front of screens. Before, there was no social media, so young people did more sport. In the future, young people will probably use social media even more often / frequently.

## Section 5 — Customs and Festivals

### Pages 26-28: Festivals in German-Speaking Countries

**1** Are you looking forward to Christmas yet? I am already really excited because I love Christmas so much. I am looking forward most of all to wrapping (up) presents. I found that really fun last year. What do you want for Christmas? I hope that it will snow at Christmas. That would be great.

**2 a)** Two from: She decorates the Christmas tree / sings Christmas carols / opens presents.

**b)** Christmas dinner
**c)** She celebrated Christmas at her English friend's house.
**d)** the German tradition

**3** Liebe Lara, willst du mein Valentin sein? Ich wollte dir sagen, dass ich dich sehr mag und dass ich immer an dich denke. Möchtest du heute Abend mit mir ausgehen? Ich kann einen Tisch beim italienischen Restaurant um die Ecke reservieren. Alles Liebe, Tim

**4 a)** Two from: princesses / pirates / ghosts
  **b)** sweets *[1 mark]* flowers *[1 mark]*
  **c)** they don't have to go to school

**5 a)** Sie bemalt Eier *[1 mark]*
  und dekoriert das Haus *[1 mark]*.
  **b)** Er verkleidet sich als Osterhase.
  **c)** Ostern ohne Schokolade
  **d)** Alle Geschäfte sind geschlossen. / Seine Freunde haben keine Zeit für ihn.

**6** Ich bin nicht religiös, aber ich mag Ostern. Es ist schön, Zeit mit der Familie zu verbringen. Mein Vater backt einen Kuchen und wir dekorieren / schmücken das Haus. Letztes Jahr habe ich zu viel Schokolade gegessen und ich war krank. Ich werde das dieses Jahr nicht machen / tun. Ich hoffe, dass es sonnig sein wird, damit wir draußen sein können.

## Section 6 — Where You Live

### Page 29: The Home

**1** Although my flat doesn't have many rooms, the living room is very spacious / roomy, and I spend a lot of time at home. In the dining / eating area I have a cooker with an oven and a hob. There is also a table with four chairs. When I am older I want to move (house), but I love this suburb because it's pretty.

**2 a)** huge
  **b)** peaceful *[1 mark]*
  great (to be surrounded by nature) *[1 mark]*
  **c)** She doesn't have to share a room with her annoying sister any more.
  **d)** a microwave *[1 mark]*    a fridge *[1 mark]*

### Pages 30-31: What You Do at Home

**1** Ich habe zu Hause so viel zu tun. Meine Schwester, die Anne heißt, ist vier Jahre alt und steht um halb sieben auf. Ich bereite ihr Frühstück vor, weil meine Eltern faul sind. Ich finde das wirklich ermüdend, denn die Schule fängt um acht Uhr an und ich habe immer Hausaufgaben.

**2** At least twice a week every member of the family must help to clean our flat. My wife sets the table every day and I cook for the whole family as I normally have time. My daughters have to look after our three snakes, but they believe that that is / think that's unfair!

**3** C, E, F

# Answers

4  **a)** Das Bauernhaus liegt an der Küste.
   **b)** Er wusch nie ab. / abwaschen
   **c)** Sie haben nicht zu Hause geholfen. / Das Haus war zu voll.

## Pages 32-33: Talking About Where You Live

1  **a)** T     **c)** F     **e)** NT
  **b)** NT     **d)** T     **f)** T

2  Positiv: Markt (am Samstag) schöne Kunstgalerie
Negativ: Two from: nicht einfach, Klamotten zu kaufen / kein Kaufhaus / Stadt zu klein

3  Die Gebäude in meinem Dorf sind sehr alt und meiner Meinung nach ist das wunderbar, weil sie hübsch aussehen. Es gibt eine Kirche neben dem Park und nächstes Jahr werden wir ein Lebensmittelgeschäft haben. Leider gibt es kein Museum, aber ich fahre oft nach Flensburg, denn die Stadt ist größer.

4  **a)** Sie ist kleiner als andere Großstädte.
   **b)** Es gibt viele Grünanlagen / einen Dom / interessante Märkte.
   **c)** Es gab viel Verschmutzung.

## Pages 34-35: Shopping

1  **a)** her (own) clothes     **c)** perfect for school
  **b)** It is fair.     **d)** She won't have enough money.

2  In meinem Einkaufswagen habe ich eine graue Hose, einen grünen Pullover und einen gelben Rock. Ich liebe Einkaufen, weil es mir Spaß macht. Ich gebe jedes Wochenende viel Geld für neue DVDs und gute Bücher aus, aber nächste Woche werde ich überhaupt kein Geld haben!

3  I need a bottle of cola and a bag of crisps from the supermarket around the corner. The day before yesterday your father bought the wrong sort / kind and they were disgusting. I would also like several apples and at least two kilos of big potatoes. Can you take my parcel to the post office, too? It won't cost much.

4  **a)** quantity: one kilo     product: pears
  **b)** quantity: four cans     product: lemonade
  **c)** quantity: six slices     product: ham
  **d)** quantity: five pieces     product: cake

## Page 36: In the Shop

1  Letzte Woche habe ich ein Sonderangebot in einem Kleidergeschäft gesehen. Ich habe ein neues T-Shirt gekauft, das ideal für Wochenenden sein wird. Ich habe es günstig gefunden und, weil es so billig war, kann ich morgen mehr Kleidungsstücke / Klamotten kaufen! Ein Rabatt ist mir wichtig, weil ich wenig Geld habe.

2  I went to the sports shop because I had to buy new trainers for my daughter. At the till I gave the assistant a 100-euro note. I got ten euros back. The trainers are too big and I want my money back. Unfortunately, the assistant didn't give me a receipt.

## Page 37: Giving and Asking for Directions

1  A, B, F, H

2  **a)** drei Kilometer
  **b)** Er soll die Straße entlang gehen und dann die zweite Straße rechts nehmen.
  **c)** gegenüber der Bushaltestelle

## Page 38: Weather

1  Obwohl es letzten Herbst in vielen europäischen Ländern kalt war, war es in Deutschland heiß, trocken und sonnig. Es war selten wolkig, aber es war ziemlich windig. Jedoch war es im Winter äußerst kalt und es hat im Januar in Norddeutschland geschneit. Wir hoffen, dass es im Sommer sonnig sein wird.

2  **a)** E     **b)** E     **c)** A     **d)** M

# Section 7 — Lifestyle

## Page 39: Healthy Living

1  **a)** Man sollte: joggen gehen
Man sollte nicht: nur zu Hause bleiben

  **b)** Man sollte: jeden Tag Obst essen
Man sollte nicht: zu viel fernsehen

2  Mein Freund ist in Form und er bewegt sich zweimal pro Woche. Ich will auch wirklich gesund sein, aber ich finde es schwierig. Ich habe jeden Tag Obst und Joghurt zum Frühstück gegessen und ich habe nur Wasser oder Orangensaft getrunken. Ich hoffe, dass ich bald abnehmen werde.

## Page 40: Unhealthy Living

1  I am sad at the moment because my stepmother is addicted to alcohol / is an alcoholic. In my opinion, she drinks alcoholic drinks too often and I am really worried because that is very unhealthy. I hope that she will stop soon. A friend of mine was a drug addict and an addiction can be very dangerous.

2  **a)** chocolate     **c)** addicted / dependent
  **b)** smoked cigarettes     **d)** obese

## Page 41: Illnesses

1  Letzte Woche habe ich mit meinen Freunden Rugby gespielt und ich habe mir den Rücken verletzt. Ich war beim Arzt / Ich bin zum Arzt gegangen und er dachte, dass das Problem leider ziemlich ernst war. Ich brauche ein Medikament, also muss ich morgen zur Apotheke (gehen). Ich hoffe, dass ich nicht ins Krankenhaus (gehen) muss.

2  Some doctors believe that university students live unhealthily. Sometimes students become ill because they drink too much and don't sleep enough. Stress can also be a big problem because it can cause headaches and stomach ache. Furthermore, it is difficult to avoid colds if / when you spend so much time with others.

# Answers

## Section 8 — Social and Global Issues

### Pages 42-43: Environmental Problems

**1 a)** to inform people about biodiversity
**b)** increasing numbers of species are dying out
**c)** Two from: industry / deforestation / global warming

**2** C, E, F

**3** Viele (Leute) glauben, dass der Treibhauseffekt ein sehr großes Problem ist. In der Vergangenheit waren manche (Leute) nicht so umweltfreundlich und jetzt wird die Welt immer wärmer. Um dieses schwieriges Problem zu lösen, müssen wir alternative Energiequellen finden.

**4 a)** T     **c)** T     **e)** F
**b)** NT     **d)** F

### Pages 44-45: Problems in Society

**1 a)** für Kinder
**b)** Geld spenden
**c)** Sie hat €20 gespendet.
**d)** Sie könnte mehr für Sozialhilfe ausgeben.

**2** Obwohl Österreich viel kleiner als Deutschland ist, wird die Bevölkerung immer größer. Viele Einwanderer wohnen jetzt dort, weil die Bedingungen gut sind. Die Eingliederung von Ausländern ist sehr wichtig und hilft der Gesellschaft. Jedoch finden manche Einwanderer es schwierig, die Sprache zu lernen. Sie könnten einen Deutschkurs besuchen.

**3** Refugees flee from dangerous areas. They have to find other countries where they can integrate themselves. They often live in terrible conditions. Although refugees sometimes receive income support, it mostly / usually isn't much money. Sometimes society can also be unfriendly and poverty is a big problem for many refugees.

**4 a)** helpful     **c)** society
**b)** work / find a job     **d)** income support

### Pages 46-47: Contributing to Society

**1** Früher verschwendete ich Ressourcen, aber jetzt versuche ich, umweltfreundlich zu sein. Zum Beispiel verwerte ich Verpackung und Biomüll, wie Schalen, wieder. Ich denke, dass jeder öffentliche Verkehrsmittel benutzen sollte, weil dies / das Abgase reduziert. Die Verschmutzung kann der Ozonschicht schaden und sauren Regen verursachen.

**2** In the past, the population of Germany and Austria didn't recycle regularly. Today the future looks different because nearly everyone recycles their rubbish every day. Many households sort their waste paper, organic waste and glass into different bins, in order to be environmentally friendly. Furthermore, environmentally friendly products are very popular these days.

**3 a)** zwei Kilometer
**b)** ein- oder zweimal in der Woche
**c)** Two from: Lebensmittel kaufen / kochen / waschen / plaudern
**d)** ein Jahr kostenlose Unterkunft

**4 a)** N     **b)** P + N     **c)** P

## Section 9 — Travel and Tourism

### Page 48: Where to Go

**1** Dieses Jahr fahren wir nach Spanien. Meine Schwester will in einem Hotel am Strand übernachten / wohnen. Meine Eltern wollen eine historische Stadt besichtigen, aber ich finde das langweilig. Ich möchte aktiv sein. Letztes Jahr sind wir Rad gefahren und spazieren gegangen. Das war wirklich toll.

**2 a)** C     **b)** A     **c)** B

### Page 49: Accommodation

**1** A, C, D

**2** Meine Eltern haben zwei Zimmer in einem Hotel in Salzburg reserviert. Ich werde ein Doppelzimmer mit Dusche haben. Letztes Jahr haben wir in einem Wohnwagen auf dem Land übernachtet / gewohnt. Es war sehr kalt und unbequem. Nächsten Sommer werde ich in einer Jugendherberge übernachten / wohnen. Es wird billiger und geselliger als ein Hotel sein.

### Page 50: Booking

**1 a)** Sunday     **c)** There is an extra charge for cars.
**b)** €18 per night     **d)** when they leave

**2** This summer I will go to Austria and now I must book the accommodation. I am going with a friend and so I need a twin room. It would be nice to have a room with a balcony. Last year I stayed in a hotel. We chose full board because it's easier.

### Page 51: How to Get There

**1** I recommend that you travel from the airport to the guesthouse by underground. A day ticket only costs fifteen euros. A taxi would be more comfortable, but the underground is cheaper. You can buy a ticket at the ticket machine. The journey takes around twenty minutes. You then have to walk five minutes from the underground station to the guesthouse.

**2** Ich will am Samstag nach Berlin fahren. Ich weiß nicht, ob ich mit dem Zug oder mit dem Auto fahren werde. Es wird mit dem Auto wahrscheinlich schneller sein, denn man muss umsteigen. Auch könnte es Verspätungen geben. Jedoch kann man im Zug lesen und essen. Der Zug fährt um 11.20 vom Gleis 4 ab.

# Answers

## Page 52: What to Do

**1 a)** Er ist Schlittschuh gelaufen.
**b)** Er hat einen kleinen Unfall gehabt.
**c)** Er interessiert sich für Geschichte.

**2 a)** im Laden  **d)** zum Wassersportzentrum
**b)** am Strand  **e)** in der Stadt
**c)** in der Kneipe

## Page 53: Talking About Holidays

**1** C, E, G, H

**2** Ich möchte reisen. Ich habe (noch) nie Asien besucht und ich möchte auch nach Griechenland fahren. Es ist immer sehr interessant, eine neue Kultur zu entdecken. Als ich jünger war, bin ich nach Amerika gefahren, aber jetzt möchte ich in Kanada herumfahren. Es wäre toll, dort Ski zu fahren / laufen.

# Section 10 — Study and Employment

## Page 54: School Subjects

**1 a)** C  **b)** C  **c)** A

**2 a)** Englisch, Spanisch und Französisch
**b)** (fließend) Englisch sprechen
**c)** Der Lehrer ist sehr altmodisch.
**d)** für Geschichte

## Page 55: School Routine

**1 a)** C  **c)** C
**b)** B  **d)** B

**2** The school day starts at half past eight / eight thirty and ends at four o'clock. We have six lessons a day: four in the morning and two in the afternoon. Today there was an assembly in the hall. I always find that boring. We have two breaks a day. I would like a longer lunch break.

## Page 56: School Life

**1** I go to a school that lasts all day / an all-day school and normally I enjoy school life. We have lots of laboratories and sports fields and I can see my friends. Usually I play football during break, but yesterday I had detention because I got a bad mark in maths the day before (yesterday). I will try to pay attention in the lesson.

**2** An meiner Schule gibt es über tausend Schüler. Ich besuche eine Gesamtschule. Man kann praktische Fächer wählen. Ich denke, dass das gut ist, weil ich sehr praktisch bin. Der Schultag dauert bis vier Uhr, aber gestern habe ich nach der Schule Hockey gespielt. Nächstes Jahr möchte ich das Abitur / 'A-levels' machen.

## Page 57: School Pressures

**1** B, C, E

**2** I am fed up with school. This year I got bad marks although I worked hard. I find that stressful. There are also lots of rules. We should / are supposed to respect our teachers. Some teachers like to criticise and there are others who can't control the class. I hope that I will nevertheless be successful.

## Page 58: Education Post-16

**1 a)** Ahmed  **c)** Priyanka
**b)** Kerstin  **d)** Sven

**2** Wenn ich meine Prüfungen bestehe, werde ich in die Oberstufe gehen. Ich möchte Biologie, Chemie und Wirtschaftslehre lernen. (Die) Naturwissenschaften sind nützlich, weil ich in der Zukunft als Apotheker(in) arbeiten will. Nach dem Abitur / den 'A-Levels' werde ich Geld verdienen, damit ich in Südamerika herumreisen kann / durch Südamerika reisen kann.

## Pages 59-60: Career Choices and Ambitions

**1** In the future I want to have a high quality of life, so I need good results in (the) sixth form. My career is without doubt the most important thing to me. I would like a well-paid and varied position / job. I used to want to be a doctor, but that doesn't interest me any more. It would be great if I could use my foreign languages in my job.

**2 a)** ein Friseur
**b)** gut informiert *[1 mark]* und geduldig *[1 mark]*
**c)** Man muss stark *[1 mark]* und fleißig *[1 mark]* sein
**d)** Verkäufer

**3 a)** F  **c)** R  **e)** NT
**b)** R  **d)** R

**4** Ich möchte mich um die Stelle als Gärtner(in) in Ihrer Firma bewerben. Der Job / Beruf interessiert mich, weil ich praktisch bin und gern draußen arbeite / und es genieße, draußen zu arbeiten. Ich mache seit sechs Monaten freiwillige Arbeit als Gärtner(in), also habe ich schon Erfahrung. Ich habe Ihnen meinen Lebenslauf geschickt.

# Section 11 — Literary Texts

## Pages 61-62: Literary Texts

**1 a)** F  **c)** R  **e)** F
**b)** NT  **d)** NT

**2 a)** Sie wird einen Bruder oder eine Schwester bekommen.
**b)** Sie ist glücklich. / Sie freut sich.

**3 a)** Er sieht nicht gut aus.
**b)** zu viel Schularbeit / zu viel Lernen
**c)** Man kann fleißig sein.

**4 a)** C  **b)** B  **c)** B

# Answers

## Section 12 — Grammar

### Page 63: Cases — Nominative and Accusative

1
a) Ich
b) Mein Bruder
c) Wir
d) Mein Vater
e) ich
f) du
g) Mein Freund
h) ihr
i) Fußball
j) Meine Mutter, ich
k) Frankreich
l) der Hund

2
a) eine Hose
b) einen Schal
c) Das Auto
d) Spanisch
e) Schokolade
f) soziale Medien
g) eine E-Mail
h) einen Film
i) eine Tasse Tee
j) deine Hausaufgaben
k) mein Handy
l) Mathe

3
a) accusative
b) nominative
c) accusative
d) nominative
e) nominative
f) accusative
g) nominative
h) accusative
i) accusative
j) nominative
k) accusative
l) nominative

### Page 64: Cases — Genitive and Dative

1
a) dative
b) dative
c) genitive
d) genitive
e) dative
f) genitive
g) dative
h) genitive

2
a) meines Vaters
b) meines Opas
c) meinem Bruder
d) meines Bruders
e) meinem Freund
f) dem Schüler
g) des Kindes

3
a) Freunden
b) Brüdern
c) Geschwistern
d) Erdbeeren
e) Studenten, Problemen

### Pages 65-66: Words for People, Places and Objects

1
a) Blumen, Tisch
b) Snooker
c) Bruder, Krimis
d) Sportschuhe
e) Kleid, Schwester
f) Cousin, Schokoladeneis
g) Dom, Stadt
h) Sonne
i) Sophie, Kuchen
j) Freund, Auto
k) Herr Meyer, Spanien
l) Regenschirm

2
a) N
b) F
c) F
d) M
e) M
f) N
g) F
h) M
i) F
j) M
k) F
l) N

3
a) Junge
b) Menschen
c) Herrn
d) Herren
e) Jungen
f) Namens

4
a) die Würste
b) die Lieder
c) die Blumen
d) die Zähne
e) die Kinder
f) die Sofas
g) die Tage
h) die Einladungen
i) die Birnen
j) die Brüder
k) die Häuser
l) die Doppelbetten

5
a) The old man is very old.
b) The homeless person / man is homeless.
c) The intelligent woman / girl is really intelligent.

6
a) Deutsche
b) Deutschen
c) Kleine
d) Kleinen
e) Nette
f) Netten
g) Freundlichen
h) Freundliche

### Page 67: Word Order

1
a) Am Freitag gehe ich in die Stadt.
b) Im April besuche ich London.
c) Am Wochenende gehen wir einkaufen.
d) Um neun Uhr verlasse ich das Haus.
e) Morgen kommt er nicht in die Schule.
f) Jeden Abend spielt sie Hockey.

2
a) Ich werde meine Großmutter besuchen.
b) Wir werden ins Kino gehen.
c) Sie geht um zwei Uhr in die Stadt.
d) Er isst jeden Abend mit Freunden.

3 Possible answers:
a) Ich spiele Volleyball am Freitag.
b) Am Samstag spiele ich Golf.
c) Ich werde im Juli Frankreich besuchen.
d) Im August werde ich nach Frankreich reisen.
e) Ich fahre am Montag mit dem Bus in die Schule.
f) Am Dienstag fahre ich mit dem Rad in die Schule.

### Page 68: Coordinating Conjunctions

1
a) oder
b) und
c) denn
d) aber

2
a) Ich schwimme (gern) und ich tanze gern. / Ich schwimme und tanze gern.
b) Mein Bruder möchte im Freibad schwimmen, aber es ist zu kalt.
c) Sie bleibt zu Hause, denn sie hat Fieber.
d) Kommst du mit oder gehst du nach Hause?

3
a) Wir lernen Französisch und Deutsch.
b) Meine Mutter möchte nach Spanien oder (nach) Italien fahren.
c) Ich liebe Kuchen, aber er ist ungesund.

### Page 69: Subordinating Conjunctions

1
a) wenn
b) obwohl
c) weil
d) damit
e) ob
f) bis

# Answers

**2 a)** Ich sonne mich, wenn es heiß ist.
   **b)** Wir essen im chinesischen Restaurant, bevor wir ins Theater gehen.
   **c)** Er wohnt bei seinen Eltern, bis er an die Uni geht.
   **d)** Sie lernt jeden Abend, weil sie Prüfungen im Mai hat.

**3 a)** obwohl          **d)** nachdem
   **b)** dass            **e)** damit
   **c)** Als             **f)** weil

## Page 70: 'The', 'A' and 'No'

**1 a)** den            **d)** des
   **b)** dem            **e)** dem
   **c)** das            **f)** den

**2 a)** Die, ein       **d)** Das, einen
   **b)** dem            **e)** ein, der
   **c)** ein            **f)** Die, des

**3 a)** einen, keine    **d)** eine, kein
   **b)** kein, keinen    **e)** einer, einem
   **c)** Keine           **f)** ein, kein

## Pages 71-72: Words to Describe Things

**1 a)** doof / dumm / blöd        **c)** lustig
   **b)** langweilig              **d)** hässlich

**2 a)** braune, grünen, weißen
   **b)** kleinen, großen, schönen
   **c)** schwarzen, roten, alten
   **d)** kleinen, leckeren, frische
   **e)** gelbe, großen, lockigen

**3 a)** schwarzer, roten, schönen
   **b)** jüngeren, altes, neuen
   **c)** guten, neuen
   **d)** besten, lange, kurzen
   **e)** großen, kleine

**4 a)** frische Milch          **e)** warmes Wasser
   **b)** kaltes Bier            **f)** einige / manche kleine Hunde
   **c)** zwei rote Äpfel        **g)** viele große Hunde
   **d)** wenige heiße Tage      **h)** zehn grüne Flaschen

**5 a)** Das, neue, einem, ruhigen
   **b)** einen, blauen, braune
   **c)** ältere, sympathische
   **d)** den, historischen, das, neue
   **e)** unserem, italienischen, seiner, amerikanischen
   **f)** kleiner, eine, unpraktische

**6 a)** Welcher         **e)** Welches
   **b)** Welchen         **f)** diesen
   **c)** Diese           **g)** welchem
   **d)** welcher         **h)** dieser

**7 a)** Diese roten Schuhe sind ziemlich hässlich.
   **b)** Mein kleines, blaues Auto / Mein kleiner, blauer Wagen ist sehr schnell.
   **c)** Welchen Alten / alten Mann haben sie gesehen?
   **d)** Dein / Ihr neuer Freund ist sehr seltsam.

## Page 73: Words to Compare Things

**1 a)** schneller        **d)** älter
   **b)** langsamer        **e)** größer
   **c)** besser           **f)** höher

**2 a)** die Schnellste    **d)** der Älteste
   **b)** der Traurigste    **e)** das Nächste
   **c)** die Seltsamste    **f)** der Höchste

**3 a)** Ich bin gut, du bist besser, aber sie ist die Beste.
   **b)** Mein Haus ist nah, dein Haus ist näher, aber sein Haus ist das Nächste.
   **c)** Das Theater ist alt, die Kirche ist älter, aber der Dom ist der Älteste.

## Pages 74-75: Words to Describe Actions

**1 a)** He sings loudly and badly.  She dances well.
   **b)** I drive slowly and you speak strangely.
   **c)** My brother works hard and swims quickly.

**2 a)** schlecht         **d)** unglaublich
   **b)** langsam          **e)** glücklich
   **c)** schön            **f)** Plötzlich

**3 a)** Sie ist ziemlich klein, aber sie läuft immer sehr schnell.
   **b)** Normalerweise ist er zu faul, aber manchmal arbeitet er fleißig.
   **c)** Wir sind fast da.  Leider werden wir bestimmt spät sein.
   **d)** Ich tanze oft fröhlich.  Meine Freunde finden das wahrscheinlich seltsam / komisch.

**4 a)** Manchmal         **d)** neulich
   **b)** schon            **e)** gestern Abend
   **c)** immer            **f)** nächste Woche

**5 a)** überall          **d)** irgendwo
   **b)** (da / dort) drüben  **e)** heute Vormittag / heute Morgen
   **c)** Übermorgen       **f)** hier

**6 a)** Wie             **d)** Warum
   **b)** Wo              **e)** Wann
   **c)** Wie viel

**7 a)** Er war sehr früh da.
   **b)** Wir sitzen immer (da / dort) drüben.

## Page 76: Words to Compare Actions

**1 a)** Al speaks louder / more loudly than Eoin.
   **b)** Rhys dances just as well as Faiz.
   **c)** Sami doesn't smile as often as / smiles less often than Aled.
   **d)** Jo likes rugby just as much as Pete.

**2 a)** langsamer, am langsamsten
   **b)** schlechter, am schlechtesten
   **c)** mehr, am meisten
   **d)** besser, am besten

**3 a)** am besten
   **b)** lieber
   **c)** gern
   **d)** viele, mehr

# Answers

**4 a)** Joanna ist genauso freundlich wie Morag.
   **b)** Megan läuft nicht so schnell wie Anna.

## Page 77: I, You, He, She, We, They

**1 a)** Der Hund ist schwarz.  **Er** heißt Max.
   **b)** Die Kinder gehen nicht in die Schule.  **Sie** spielen im Garten.
   **c)** Das Haus ist modern.  **Es** liegt am Stadtrand.
   **d)** Marie ist meine beste Freundin.  **Sie** ist sehr sympathisch.

**2 a)** du        **d)** ihr
   **b)** Sie      **e)** du
   **c)** Sie      **f)** Sie

**3 a)** mir       **e)** uns, euch
   **b)** mich     **f)** ihn
   **c)** dir      **g)** ihr
   **d)** Ihnen    **h)** ihr

## Page 78: Reflexive Pronouns

**1 a)** We sit down quickly.
   **b)** I had a shower / showered and then had breakfast.
   **c)** I brush / clean my teeth.

**2 a)** mir         **d)** mich
   **b)** sich, sich  **e)** euch, sich
   **c)** dir         **f)** mir, dir

**3 a)** freuen sich    **e)** euch setzen
   **b)** fühlt sich    **f)** mich entschuldigen
   **c)** wünscht sich  **g)** dich umziehen
   **d)** entspannen uns

## Page 79: Relative and Interrogative Pronouns

**1 a)** die    **e)** dessen
   **b)** den    **f)** denen
   **c)** das    **g)** deren
   **d)** der    **h)** dem

**2 a)** Die Frau, die meinen Opa besucht, hat lange, braune Haare.
   **b)** Die Kinder, die sieben Jahre alt sind, besuchen die Grundschule.
   **c)** Alles, was billig war, war hässlich.

**3 a)** Wer       **d)** Wem
   **b)** wem       **e)** Was
   **c)** Was für   **f)** Wen

## Pages 80-81: Prepositions

**1 a)** nach, zu   **e)** bei
   **b)** an         **f)** an
   **c)** Am, zu     **g)** nach
   **d)** um, nach   **h)** Im, zu

**2 a)** im      **g)** Am
   **b)** zu      **h)** in
   **c)** Um      **i)** an
   **d)** aus     **j)** auf
   **e)** zum     **k)** von
   **f)** bei     **l)** zu

**3 a)** Diese Jacke ist **aus** Leder.
   **b)** Ist diese Torte **für** mich?
   **c)** Ich lerne **seit** zwei Jahren Deutsch.
   **d)** Der Zug ist **von** London gekommen.
   **e)** Deine Tasche ist **auf** dem Tisch.

**4 a)** ins    **f)** der
   **b)** die    **g)** der
   **c)** im     **h)** das
   **d)** dem    **i)** den
   **e)** dem    **j)** einer

**5 a)** entlang   **d)** Während
   **b)** Trotz     **e)** ohne, zur
   **c)** gegen     **f)** mit, über

**6 a)** am Freitag            **g)** statt eines Kuchens
   **b)** zu Fuß                **h)** um drei Uhr
   **c)** fünf vor drei         **i)** am Bahnhof
   **d)** zwanzig nach vier     **j)** ein Freund / eine Freundin von mir
   **e)** zur Post / zum Postamt  **k)** wegen des Regens
   **f)** außerhalb der Stadt   **l)** vor der Kirche

## Page 82: Verbs in the Present Tense

**1 a)** ich höre       **g)** ich schlage
   **b)** wir lernen     **h)** du bringst
   **c)** er liebt       **i)** wir studieren
   **d)** ihr sagt       **j)** ihr trinkt
   **e)** Sie schicken   **k)** sie stellen
   **f)** sie redet      **l)** du suchst

**2 a)** ich fei(e)re    **g)** du segelst
   **b)** du feierst      **h)** man segelt
   **c)** er feiert       **i)** sie segeln
   **d)** ich klett(e)re  **j)** ich läch(e)le
   **e)** du kletterst    **k)** ihr lächelt
   **f)** sie klettert    **l)** wir lächeln

**3 a)** Ich gehe schwimmen.
   **b)** Wir gehen wandern.
   **c)** Sie gehen zelten.
   **d)** Ich gehe am Wochenende fischen / angeln.
   **e)** Wir gehen mittwochs laufen.

**4 a)** Riyam spielt Fußball.
   **b)** Mein Bruder schreibt eine E-Mail.
   **c)** Mein Papa / Vater arbeitet samstags.
   **d)** Christopher segelt heute.
   **e)** Ich wohne seit fünf Jahren hier.

# Answers

### Pages 83-84: More About the Present Tense

**1 a)** bin     **d)** sind
**b)** bist     **e)** seid
**c)** ist     **f)** sind

**2 a)** habe     **d)** haben
**b)** hast     **e)** habt
**c)** hat     **f)** haben

**3 a)** bin     **e)** Trägt
**b)** Seid     **f)** gibt
**c)** isst     **g)** weiß
**d)** fährt     **h)** liest

**4 a)** Haben Sie einen Hund?
**b)** Wir sind noch nicht fertig / bereit.
**c)** Katja trägt eine Hose.
**d)** Er weiß nichts.
**e)** Anupa fährt nicht mehr nach London.
**f)** Sie isst Schokolade.

**5 a)** den Goldfischen     **g)** dir
**b)** mir     **h)** meiner Schwester
**c)** ein weißes Hemd     **i)** mir
**d)** mir     **j)** den Lehrern
**e)** dem schwarzen Auto     **k)** viele Bücher
**f)** die Wahrheit     **l)** meinen Freunden

**6 a)** Es regnet heute.
**b)** Es gibt in meiner Stadt nicht viel zu tun.
**c)** Wie geht's / geht es ihm?
**d)** Es gefällt mir hier in Berlin.
**e)** Es tut ihr leid.
**f)** Es tut (mir) weh.

**7 a)** Ich lese, um mich zu entspannen.
**b)** Ich muss einkaufen gehen.
**c)** Er versucht, Spanisch zu lernen.
**d)** Wir arbeiten, um Geld zu verdienen.

### Page 85: Talking About the Past — Perfect Tense

**1 a)** machen, gemacht     **g)** besuchen, besucht
**b)** glauben, geglaubt     **h)** essen, gegessen
**c)** brauchen, gebraucht     **i)** arbeiten, gearbeitet
**d)** kaufen, gekauft     **j)** erklären, erklärt
**e)** fragen, gefragt     **k)** benutzen, benutzt
**f)** wählen, gewählt     **l)** versuchen, versucht

**2 a)** fahren     **g)** passieren
**b)** abfahren     **h)** folgen
**c)** kommen     **i)** gehen
**d)** ankommen     **j)** ausgehen
**e)** bleiben     **k)** geschehen
**f)** sein     **l)** fliegen

**3 a)** Ich bin nach London gefahren.
**b)** Er hat einen Kuchen gegessen.
**c)** Wir haben eine Kunstgalerie besucht.
**d)** Er ist im Bett geblieben.
**e)** Das Flugzeug ist schnell geflogen.

**f)** Wann ist der Zug abgefahren?
**g)** Wir sind um zwei Uhr angekommen.
**h)** Sie hat eine Tasse Tee getrunken.

### Pages 86-87: Talking About the Past — Simple Past

**1 a)** war, warst     **e)** Wart
**b)** war, waren     **f)** Warst
**c)** war     **g)** war
**d)** waren

**2 a)** hatte     **e)** hattet
**b)** hatten     **f)** hatte
**c)** hattest     **g)** Hatten
**d)** hatten

**3 a)** Wir mach**ten** zu viel Lärm und ärger**ten** unsere Nachbarn.
**b)** Mein Vater kauf**te** ein neues Haus und ich kauf**te** ein neues Auto.
**c)** Mein Großvater arbeite**te** als Klempner. Meine Eltern arbeite**ten** als Lehrer.
**d)** Du spiel**test** Gitarre und besuch**test** viele Konzerte.
**e)** Ihr putz**tet** die Küche und eure Freunde putz**ten** das Wohnzimmer.
**f)** Er stell**te** die Tasse auf den Tisch und koch**te** mehr Tee.
**g)** Du lieb**test** Musik und ihr lieb**tet** Filme.
**h)** Als ich jung war, hass**te** ich Bananen. Meine Geschwister hass**ten** Blumenkohl.

**4 a)** ich kam     **i)** wir sprangen
**b)** er lief     **j)** Sie wurden
**c)** ich half     **k)** du trankst
**d)** du sahst     **l)** wir gingen
**e)** sie dachten     **m)** sie fuhr
**f)** ihr nahmt     **n)** ich aß
**g)** ich gab     **o)** ihr brachtet
**h)** er schrieb     **p)** ich war

**5 a)** Ich fuhr nach Birmingham und sang im Chor.
**b)** Wir aßen Pizza und sahen fern.
**c)** Mein Onkel trank Kaffee und stellte die Tasse auf den Tisch.

**6 a)** Sie arbeitete seit sechs Monaten als Informatikerin.
**b)** Ich spielte seit zwei Stunden Gitarre.
**c)** Wir besuchten seit fünf Jahren das Museum.

### Page 88: Talking About the Past — Pluperfect Tense

**1 a)** hatte     **e)** waren, hatten
**b)** war     **f)** hatte
**c)** hattest     **g)** hatte
**d)** hatte     **h)** war

**2 a)** Wir waren nach Bristol gefahren.
**b)** Sie war stundenlang zu Hause geblieben.
**c)** Ich hatte nicht verstanden, was passiert war.

# Answers

**3 a)** She was cross / annoyed.  She had been waiting / had waited for a long time.
**b)** He was too thin.  He hadn't been eating / hadn't eaten enough recently.
**c)** We were very tired because we had been doing / had done lots of sport every day.

## Page 89: Talking About the Future

**1 a)** Diesen Sommer gehen wir jeden Tag schwimmen.
**b)** Ich kaufe nächstes Jahr ein Haus.
**c)** Morgen trinke ich nur Wasser.

**2 a)** wirst
**b)** werdet
**c)** wird
**d)** werde
**e)** werden
**f)** werden
**g)** wird
**h)** wirst

**3 a)** Nächstes Jahr werde ich viel Sport machen und regelmäßig Tennis spielen.
**b)** Nächste Woche wird Andre mit dem Bus ins Kino fahren.
**c)** Diesen Sommer wird es viele gute Filme geben.

## Page 90: Giving Orders

**1 a)** Stell(e) das Buch hin!
**b)** Geht in die Schule!
**c)** Essen wir zusammen!
**d)** Mach(e) deine Hausaufgaben!
**e)** Arbeiten Sie in Ihrem Garten!
**f)** Bringen wir unseren Hund mit!
**g)** Besuch(e) deine Großeltern!
**h)** Glaubt mir!

**2 a)** Trinken Sie
**b)** Nimm
**c)** Gehen wir / Fahren wir
**d)** Bringt
**e)** Spiel(e)
**f)** Setzen Sie
**g)** Fragen Sie
**h)** Hilf

**3 a)** Gehen wir ins Kino!
**b)** Bring(e) deine Schwester mit!
**c)** Geben Sie mir bitte Ihren Stift!
**d)** Seid / Kommt nicht spät!
**e)** Arbeiten wir in der Küche!
**f)** Mach(e) viele Fotos!

## Page 91: Separable Verbs

**1 a)** Ich **wasche** jeden Morgen **ab**.
**b)** Normalerweise **geht** er abends **aus**.
**c)** **Nehmen** Sie bitte Ihren Koffer **mit**!
**d)** Am Montag **kommen** meine Großeltern **an**.
**e)** Am Mittwoch **gebe** ich Bernd sein Buch **zurück**.
**f)** Dave und Brian **fangen** plötzlich **an** zu singen.
**g)** In meiner Freizeit **sehe** ich gern **fern**.
**h)** Wann **hörst** du **auf** zu weinen?

**2** Possible answers:
**a)** Ich fahre nächste Woche zurück.
**b)** Er wird morgen weggehen.
**c)** Er hat seinen Computer mitgenommen.
**d)** Der Regen hörte auf.

**3 a)** George wird morgen fernsehen.
**b)** Mein Geschenk ist am Freitag angekommen.
**c)** Gingst du gestern Abend aus?

## Page 92: Modal Verbs

**1 a)** ich will
**b)** du magst
**c)** er darf
**d)** sie muss
**e)** Sie sollen
**f)** wir können
**g)** ich muss
**h)** ihr mögt
**i)** wir wollen
**j)** sie dürfen

**2 a)** musste
**b)** solltest
**c)** konnte
**d)** durften
**e)** mochtet
**f)** wollten
**g)** sollten
**h)** durfte
**i)** mochte
**j)** wolltest

**3 a)** Ich soll zu Hause bleiben, aber ich will mit ihnen (mit)gehen.
**b)** Sie müssen sehr klug sein.
**c)** Ihr könnt sehr gut Italienisch (sprechen).
**d)** Ich musste Griechisch lernen, als ich fünf war.
**e)** Wir wollten eine E-Mail schreiben, aber wir hatten keinen Computer.

## Page 93: Would, Could and Should

**1 a)** würde
**b)** würdest
**c)** würden
**d)** würdet
**e)** würde
**f)** würden

**2 a)** Would you like to watch a DVD this evening?
**b)** Could you give me the toothpaste, please?
**c)** If I wasn't so tired, I would go jogging this evening.
**d)** I would be happier if my brother wasn't so moody.

**3 a)** Ich könnte mir die Zähne putzen, wenn ich Zahnpasta hätte.
**b)** Wenn ich zu Hause wäre, würde ich Eis essen.
**c)** Es wäre besser, wenn wir morgen ins Kino gehen würden.

# Transcripts

## Section 1 — General Stuff

### Track 01 — p.1

3   **M1**: Hast du einen Nebenjob, Clarissa?

**F1**: Ja, ich arbeite in einem Supermarkt. Ich arbeite aber nur acht Stunden pro Woche, weil ich immer noch in die Schule gehe.

**M1**: Und wie viel verdienst du dort?

**F1**: Ich verdiene elf Euro pro Stunde. Das ist in Ordnung. Hast du einen Nebenjob, Stefan?

**M1**: Freitags und samstags arbeite ich in einer Bäckerei. Insgesamt arbeite ich fünfundvierzig Stunden pro Monat.

**F1**: Und wie findest du die Arbeit?

**M1**: Die Arbeit ist sehr hart. Jeden Morgen müssen wir hundert Brötchen und ungefähr sechzig Kuchen backen.

### Track 02 — p.3

E.g.   **M2**: Dieses Jahr habe ich viel vor. Es geht schon im Januar los. Am dritten Januar mache ich einen Ausflug nach Berlin. Das wird super sein.

4   **M2**: Ich habe am fünfundzwanzigsten Februar Geburtstag, darauf freue ich mich sehr, weil ich am selben Tag eine große Feier machen werde. Im März habe ich bisher keine Pläne, aber am zehnten April kommt mein Bruder zu Besuch.

Urlaub mache ich ab dem ersten Juli. Ich fahre mit meiner Freundin in die Schweiz. Ich möchte dieses Jahr auch mehr Konzerte besuchen. Am elften Oktober gibt meine Lieblingsband ein Konzert in Leipzig. Ich werde dorthin fahren.

### Track 03 — p.4

2 a   **F2**: Hallo Rory, hier ist Priya.

**M1**: Hey Priya, was ist los?

**F2**: Ich habe mich gefragt, ob du am Wochenende etwas zusammen unternehmen möchtest. Vielleicht könnten wir zusammen Federball spielen.

**M1**: Na ja, darauf hätte ich keine Lust, weil ich Federball ein bisschen anstrengend finde.

2 b   **M1**: Ich würde lieber schwimmen gehen — das ist entspannend. Möchtest du ins Hallenbad gehen?

**F2**: Ich bin mir nicht sicher. Schwimmen ist mir zu langweilig. Eigentlich wäre es schön, etwas draußen im Freien zu machen. Ich gehe sehr gern wandern.

**M1**: Gute Idee! Ein Spaziergang wäre super.

2 c   **M1**: Hast du Lust, auch nachher etwas zu tun?

**F2**: Ja, warum nicht? Der neue Film von Klaus Klauter läuft im Kino. Meine Schwester hat den Film schon gesehen und meint, dass er fabelhaft ist.

2 d   **M1**: Einverstanden. Der letzte Film von ihm war sehr spannend.

**F2**: Toll. Ich freue mich schon darauf!

## Section 2 — Me, My Family and Friends

### Track 04 — p.6

2   **M2**: Guten Tag! Ich möchte mich kurz vorstellen. Ich heiße Bruno und mein Nachname ist Meyer. Das buchstabiert man em – ay – oohpsilon – ay – air. Ich wohne in Salzburg, aber meine Mutter kommt aus der Türkei.

Ich bin siebzehn Jahre alt und mein Geburtstag ist am elften Juli. Obwohl es zu viele Touristen in Salzburg gibt, wohne ich sehr gern hier, weil es so viel zu tun gibt. Ich liebe Musik und man kann immer Konzerte besuchen.

### Track 05 — p.8

1 a   **M1**: Meine Familie ist gar nicht groß. Mein Vater ist zweiundsechzig und er ist lustig aber schüchtern.

1 b   **M1**: Meine Mutter ist strenger als mein Vater und ist immer ernst.

1 c   **M1**: Ich habe auch einen Bruder, der Abdul heißt, aber keine Schwestern.

1 d   **M1**: Abdul ist sechsundzwanzig Jahre alt. Er ist Klempner und wir verstehen uns sehr gut. Er ist sehr freundlich und immer fröhlich.

### Track 06 — p.9

2   **F1**: Am ersten Schultag, als ich elf Jahre alt war, habe ich zum ersten Mal mit Karine gesprochen. Wir wurden schnell gute Freunde. Sie hatte damals lange, glatte, blonde Haare und ich wollte Haare wie sie haben!

Heutzutage sieht Karine ganz anders aus. Sie trägt eine Brille und sie hat jetzt kurze, schwarze Haare, weil das im Moment modisch ist. Wir sind immer noch sehr eng befreundet und ich bin immer noch neidisch auf ihre Haare!

### Track 07 — p.11

2 a   **F2**: Heute habe ich einen Bericht für unsere lieben Zuhörer über das Thema „Freundschaft". Laut einer neuen Umfrage ist die Zuverlässigkeit die wichtigste Charaktereigenschaft, die wir suchen.

2 b   **F2**: An der zweiten Stelle ist nicht die Großzügigkeit oder die Geduldigkeit, sondern der Humor. Siebzig Prozent der Befragten finden also, dass ein Freund unbedingt humorvoll sein muss.

2 c   **F2**: Ein Freund, der normalerweise glücklich ist, ist für viele wichtiger als ein fleißiger Freund. Es stellt sich ebenfalls heraus, dass egoistische Leute es schwierig finden, eine echte Freundschaft zu haben.

### Track 08 — p.13

1   **F2**: Ich heiße Yumi. Ich bin im Moment nicht sicher, ob ich heiraten werde. Ich gebe zu, dass eine Hochzeit für Familien und Freunde gut wäre, aber ich glaube auch, dass sie sehr stressig sein könnte.

**F1**: Ich bin Ulrika. Meiner Meinung nach ist eine Trauung gar nicht nötig. Sie können äußerst teuer sein und man braucht eine Zeremonie eigentlich nicht.

**M2**: Mein Name ist Kobe und ich glaube, dass eine Hochzeitszeremonie ein besonderes Erlebnis ist. Man muss nicht viel Geld ausgeben, um eine tolle Trauung zu haben. Ich finde sie einfach klasse.

## Section 3 — Free-Time Activities

### Track 09 — p.14

1   **M1**: Ich möchte eine Band gründen. Seit drei Jahren spiele ich Gitarre. Kannst du ein Instrument spielen, Eniola?
**F1**: Ich habe keine Lust, zu üben, aber ich lerne Trompete. Mein Freund Leon will in der Zukunft berühmter Musiker werden, da er sehr gut Querflöte spielen kann.

**M1**: Na gut, und du Seema, was spielst du?

**F2**: Ich habe nie Klavier gespielt, aber ich spiele fast jeden Tag Schlagzeug.

**M1**: Das ist wirklich toll.

## Track 10 — p.16

1 **M1:** Der Schauspieler Franz von Oberfranz hat es satt mit Hollywood und will nicht mehr Schauspieler sein. Er wird sich von jetzt ab um seine Familie kümmern. Viele meinen, dass er zu den besten Schauspielern gehört, die es je gegeben hat. Er hat in allerlei Filmen mitgespielt, darunter Liebesfilme, Actionfilme und sogar Horrorfilme.

Franz von Oberfranz hat eine sehr interessante Karriere gehabt. Er ist in einem kleinen Dorf in Österreich geboren und man hat ihn schon als Kind entdeckt. Mit fünfzehn ist er dann nach Amerika umgezogen und hat kleine Rollen in eher unbekannten Filmen gespielt.

Sein erster großer Erfolg war ein Actionfilm, in dem er den besten Freund des Helden spielte. Seitdem hat er viele Preise gewonnen. Seine zahlreichen Fans werden ihn sehr vermissen.

## Track 11 — p.18

1 a **M2:** Meine Damen und Herren. Frisches Obst. Beste Qualität. Gute Preise. Heute haben wir exotische Ananas für zwei Euro fünfzig pro Stück.

1 b **M2:** Frische Birnen — nur drei Euro pro Kilo — und Weintrauben, rot und grün, fünf Euro pro Kilo, die Weintrauben.

1 c **M2:** Gemüse haben wir heute auch. Karotten, von klein bis groß, Karotten nur ein Euro zwanzig pro Kilo. Nicht nur eine sondern drei Zwiebeln für zwei Euro fünfundzwanzig. Ehrlich gesagt! Und zum Schluss haben wir auch Gurken, achtzig Cent pro Stück. Bitte sehr meine Damen und Herren, kommen Sie her!

## Track 12 — p.19

2 a **F2:** Guten Abend, Herr Hoffmann, es ist schön, Sie wiederzusehen.

**M1:** Guten Abend. Na ja, letzte Woche war das Essen so schmackhaft, dass ich jetzt mit meiner Kollegin zurückgekommen bin.

**F1:** Guten Abend.

2 b **F2:** Haben Sie heute Abend eine Reservierung bei uns, Herr Hoffmann?

**M1:** Nein. Könnten wir bitte einen Tisch für zwei Personen am Fenster haben?

**F2:** Ja, es gibt noch einen Tisch. Sie haben Glück.

2 c **F2:** Also, die Speisekarte. Ich muss Ihnen mitteilen, dass wir heute Abend keinen Truthahn haben. Es tut mir leid, aber die Ente kann ich Ihnen empfehlen, das ist unser Tagesgericht.

2 d **F1:** Könnten Sie mir bitte sagen, ob es Nüsse in den Nudeln gibt? Ich bin gegen Nüsse allergisch und muss vorsichtig sein.

**F2:** Moment mal bitte. Ich werde mit dem Chefkoch sprechen.

## Track 13 — p.20

2 a **M2:** Hallo Lisa, hier ist Hassan. Wie geht's?

**F1:** Mir geht's gut, danke. Was machen wir am Samstag?

**M2:** Hast du gehört? Es gibt ein neues Sportzentrum in Perchtoldsdorf. Wir könnten hingehen.

2 b **F1:** Was kann man im Sportzentrum machen?

**M2:** Na ja, dort gibt es ein Hallenbad, was toll ist, weil ich ganz gerne schwimme. Was ich aber am besten finde ist die Eisarena. Man kann Schlittschuh laufen. Ich möchte das gern ausprobieren.

2 c **F1:** Ist es teuer?

**M2:** Nein, es geht. Der Schlittschuhverleih kostet nur vier Euro pro Stunde. Ich glaube aber, dass das Café dort teuer sein könnte, deswegen sollten wir vielleicht etwas zu essen mitbringen.

2 d **F1:** Na gut. Wann und wo treffen wir uns?

**M2:** Nicht allzu früh, da ich am Wochenende keine Lust habe, um sieben Uhr aufzustehen! Ich schlage vor, dass wir uns um halb elf vor dem Kino in der Friedrichstraße treffen.

**F1:** Das passt mir gut. Bis dann!

## Section 4 — Technology in Everyday Life

### Track 14 — p.23

E.g. **M1:** Mein Name ist Benedikt. Also ich könnte ohne meinen Laptop nicht leben. Nachdem ich meine Hausaufgaben gemacht habe, spiele ich darauf Videospiele. Das mache ich jeden Abend und es kann schon mal Stunden dauern.

3 a **F2:** Ich heiße Sümeyye. Ich benutze mein Handy, um mich mit meinen Freunden zu verabreden. Das ist total praktisch — ich schreibe schnell eine SMS und wir treffen uns dann, um zum Beispiel ins Kino zu gehen.

3 b **F1:** Ich bin Asli. Ich schicke häufig Fotos und kurze Videos an meine Freundinnen. Das macht Spaß und so bleiben wir in Kontakt, weil wir sehen können, was die anderen so machen.

3 c **M2:** Ich heiße Dimitri. Ich weiß gar nicht, was ich ohne Internet machen würde — ich lade mir häufig Musik und Apps herunter. Das geht schnell und ist auch billiger, als CDs zu kaufen.

### Track 15 — p.24

2 a **F2:** Meine Mutter hat nicht so viel Ahnung von Technik. Deshalb hat sie neulich einen Kurs gemacht, der ihr hilft, das Internet zu benutzen. Jetzt weiß sie, wie man E-Mails schreibt und verschickt und im Netz surft.

2 b **F2:** Da meine Mutter viele Freunde im Ausland hat, möchte sie als Nächstes lernen, wie man soziale Medien benutzt. So kann sie mit ihren Freunden in Kontakt bleiben und auch Fotos austauschen.

2 c **F2:** Mein Bruder war anfangs sehr überrascht, als er vom Kurs meiner Mutter gehört hat. Aber er findet es gut, dass unsere Mutter so modern ist und sich für Technologie interessiert.

## Section 5 — Customs and Festivals

### Track 16 — p.26

2 a **F1:** Ich liebe Weihnachten, weil es eine schöne Tradition ist. Ich schmücke den Weihnachtsbaum mit meinem kleinen Bruder zusammen und am Heiligabend singen wir Weihnachtslieder und packen die Geschenke aus.

2 b **F1:** Am meisten freue ich mich jedes Jahr auf das Weihnachtsessen, weil es bei uns immer Truthahn gibt. Meine Großeltern und andere Verwandte kommen dann auch und mir gefällt es richtig gut, dass die ganze Familie zusammen ist.

2 c **F1:** Letztes Jahr habe ich bei meiner englischen Freundin Sophie Weihnachten gefeiert.

2 d **F1:** Es war schön, am Weihnachtsmorgen Geschenke auszupacken, aber ich liebe es besonders, wenn wir am Heiligabend bei uns zu Hause unsere Kerzen am Weihnachtsbaum anzünden.

### Track 17 — p.28

5 a **F1:** Ich bin Tina. Ostern ist eines meiner Lieblingsfeste, weil alles so schön bunt ist. Ich bemale Eier mit meiner kleinen Schwester zusammen und wir dekorieren das Haus. Dann verstecke ich Schokoladeneier. Meine Schwester glaubt noch an den Osterhasen, das finde ich total süß.

5 b **M2:** Mein Name ist Jakob. Ich finde, dass Ostern eine schöne Tradition ist, weil sich die ganze Familie trifft und wir zusammen Eier suchen. Das macht Spaß, vor allem, weil mein Opa sich dann immer als Osterhase verkleidet und wir viel zu lachen haben. Letztes Jahr hat es leider an Ostern geschneit, so dass wir die Eier im Schnee nicht gefunden haben.

5 c **F2:** Ich heiße Laura. Ich werde Ostern dieses Jahr in Florida feiern, weil mein Vater und ich dort Urlaub machen werden. Hoffentlich gibt es da überhaupt Schokoladeneier, die schmecken mir so gut. Ostern ohne Schokolade wäre kein richtiges Fest für mich.

5 d **M1:** Ich bin Jan. An Ostern langweile ich mich ein bisschen, weil alle Geschäfte geschlossen sind und meine Freunde keine Zeit haben, sich mit mir zu treffen. Ich gehe mit meiner Familie in die Kirche und dann haben wir ein großes Festessen. Das ist in Ordnung.

**Transcripts**

# Section 6 — Where You Live

## Track 18 — p.29

2 a **F2**: Vor zwei Jahren sind meine Familie und ich in die Schweiz umgezogen. Wir wohnen heute in einem riesigen Bauernhaus in den Bergen und wir haben keine Nachbarn.

2 b **F2**: Ich finde es natürlich ruhig und es ist klasse, in der Natur zu sein.

2 c **F2**: Ich muss nicht mehr mit meiner Schwester ein Schlafzimmer teilen, was ich toll finde, weil sie so ärgerlich ist.

2 d **F2**: In meinem Zimmer habe ich nicht nur meine eigene Mikrowelle, sondern auch meinen eigenen Kühlschrank! Einen Tiefkühlschrank gibt es noch nicht, aber ich bin schon ganz zufrieden.

## Track 19 — p.31

3 **M2**: Gestern war ich echt beschäftigt. Nachdem ich zurück nach Hause kam, habe ich mich kurz geduscht und dann etwas gegessen. Ich musste sehr schnell essen und mich dann umziehen, weil ich mit dem Zug in die Stadt zur Geburtstagsparty fahren wollte.

Ich hatte keine Zeit, abzuwaschen oder aufzuräumen, denn ich musste zum Bahnhof laufen. Aber ich war zu spät! Der Zug war schon abgefahren. Ich habe ein Taxi genommen, was zwanzig Euro gekostet hat. Unglaublich! Glücklich war ich darüber nicht!

## Track 20 — p.32

2 **M1**: Hier in Bad Ems haben wir jeden Samstag einen tollen Markt, wo man viel kaufen kann. Es gibt hier auch eine schöne Kunstgalerie.

Auf der anderen Seite ist es hier nicht einfach, Klamotten zu kaufen — es gibt kein Kaufhaus. Die Stadt ist einfach zu klein, was ich furchtbar finde.

## Track 21 — p.34

1 a **F1**: Ich bekomme fünfzehn Euro pro Woche Taschengeld, also ungefähr sechzig Euro im Monat. Mit meinem Geld muss ich aber meine eigene Kleidung kaufen.

1 b **F1**: Ich gebe den Rest für das Kino, Bücher, Musik usw. aus — ich finde es also fair.

1 c **F1**: Samstags fahre ich mit meiner Familie in die Stadt, um neue Klamotten zu finden. Letztes Wochenende habe ich eine neue Hose und ein blaues Kleid gekauft und das Kleid wird perfekt für die Schule sein.

1 d **F1**: Nächstes Wochenende werde ich Sportschuhe und ein weißes T-Shirt kaufen. Ich will auch neue Computerspiele, aber dafür werde ich nicht genug Geld haben.

## Track 22 — p.35

E.g. **M2**: Guten Abend, hier spricht Kai Heibel. Darf ich bitte meine Lebensmittel bestellen?

**F1**: Ja sicher! Was möchten Sie heute, Herr Heibel?

**M2**: Zuerst möchte ich drei Orangen bestellen, bitte.

4 a **F1**: Gut, und was noch?

**M2**: Ein Kilo Birnen, haben Sie die?

**F1**: Natürlich. Frische Birnen sind heute angekommen.

4 b **M2**: Super. Ich brauche auch vier Dosen Limonade, wenn möglich.

**F1**: Ja, die haben wir auch.

4 c **F1**: Sonst noch etwas?

**M2**: Ja, ich hätte gern sechs Scheiben Schinken.

**F1**: Sehr gut.

4 d **F1**: Ist das alles?

**M2**: Heute habe ich Geburtstag, also fünf Stück Kuchen, bitte!

**F1**: Oh, alles Gute zum Geburtstag, Herr Heibel! Ich liefere die Lebensmittel gegen achtzehn Uhr.

**M2**: Toll, danke schön! Auf Wiederhören!

## Track 23 — p.37

2 **M1**: Entschuldigen Sie, bitte. Ich bin hier fremd und ich suche die Technische Universität.

**F2**: Die Technische Universität ist nicht weit entfernt — nur drei Kilometer.

**M1**: Ich kenne schon den Zoo — ist sie in der Nähe vom Zoo?

**F2**: Vom Zoo gehen Sie über die Brücke bis zum Bahnhof.

**M1**: Gut, und danach?

**F2**: Gehen Sie einfach die Straße entlang und nehmen Sie die zweite Straße rechts. Die Universität liegt gegenüber der Bushaltestelle.

**M1**: Herzlichen Dank!

# Section 7 — Lifestyle

## Track 24 — p.39

E.g. **F1**: Ich bin Nada. Gesundes Leben ist mir äußerst wichtig, weil ich fit bleiben will. Man sollte, wenn möglich, immer Rad fahren und nie mit dem Auto fahren.

1 **F1**: Was denkst du, Horst?

**M2**: Ich stimme dir zu. Es ist auch gut, wenn man so oft wie möglich joggen geht. Es ist nicht gut, wenn man nur zu Hause bleibt. Bist du auch dieser Meinung, Naima?

**F2**: Ja, das meine ich auch. Dazu ist es eine schlechte Idee, zu viel fernzusehen. Wenn man gesund sein will, sollte man jeden Tag Obst essen.

## Track 25 — p.40

E.g. **M1**: Bis vor einem Jahr war ich mit meiner Fitness nicht zufrieden.

2 **M1**: Ich war total unfit und ich habe täglich Süßigkeiten und zu viel Schokolade gegessen. Obwohl es gar nicht gesund war, habe ich die ganze Zeit auch Zigaretten geraucht.

Damals hatte ich auch große Sorgen — ich wollte nicht abhängig werden. Mein Gewicht war auch ungesund und ich habe beim Arzt herausgefunden, dass ich fettleibig war.

# Section 8 — Social and Global Issues

## Track 26 — p.42

2 **F1**: Ich kann Leute, die umweltfeindlich sind, gar nicht leiden. Ich finde es so einfach, umweltfreundlich zu sein und es ist wichtig, unsere Welt zu schützen.

Manche Leute sagen, dass die Umwelt nicht ihr Problem ist, aber ich mache mir große Sorgen um die zukünftigen Generationen. Es wäre nicht fair, die Probleme schlechter für sie zu machen, glaube ich.

## Track 27 — p.44

1 a **F2**: Das größte Problem in unserer Gesellschaft ist heutzutage die Armut, denke ich. Was meinst du, Max?

**M2**: Das meine ich auch, Lola. Die Armut ist für Kinder besonders problematisch.

1 b **F2**: Aber wie kann man dieses Problem lösen?

**M2**: Die deutsche Bevölkerung könnte helfen. Sie sollte Geld spenden.

1 c **F2**: Vielleicht, aber das würde nur kurzfristig helfen. Ich wollte letzte Woche hundert Euro spenden, aber ich habe nur zwanzig Euro gespendet und ich kann mir das nicht jede Woche leisten.

1 d **M2**: Ich verstehe, was du meinst. Vielleicht muss die Regierung langfristig helfen. Sie sollte mehr für Sozialhilfe ausgeben.

**F2**: Das stimmt.

**Transcripts**

**Track 28 — p.45**

E.g. **F1**: Manche Leute denken, dass Einwanderung ein Problem ist.

4 **F1**: In der Tat kann Einwanderung sehr hilfreich für ein Land sein, besonders wenn die Bevölkerung immer kleiner wird. Die neuen Leute wollen normalerweise einen Job finden und nicht arbeitslos sein.

Einwanderer helfen also der Gesellschaft, weil sie Steuern bezahlen. Manche denken, dass alle Einwanderer Sozialhilfe brauchen, aber das ist nicht der Fall.

**Track 29 — p.47**

4 **F2**: Obwohl ich vor einigen Jahren ehrenamtlich bei einer Suppenküche gearbeitet habe, finde ich solche Wohltätigkeit eine Zeitverschwendung. Es hilft nicht, das Problem zu lösen.

**M1**: Ich bin da aber nicht sicher. Ich finde es doch wichtig, Leuten, die keinen festen Wohnsitz haben, zu helfen. Wenn sie dort warmes Essen finden können, werden sie keinen Hunger haben. Aber ich verstehe auch, dass es langfristig vielleicht nicht helfen wird.

**F1**: Spenden ist für mich das Wichtigste. Wenn man Geld geben kann, wird alles immer besser. Wohltätige Organisationen sind meiner Meinung nach äußerst wichtig, weil sie ganz viel Geld sammeln.

## Section 9 — Travel and Tourism

**Track 30 — p.49**

1 **M2**: Wir haben ein Ferienhaus in der Schweiz gemietet. Leider gab es viele Probleme. Das Badezimmer war sehr schmutzig und die Toilette war kaputt. Ich habe es schrecklich gefunden. Meine Mutter ist eine wunderbare Köchin, aber der Herd hat nicht funktioniert und so mussten wir in die Stadt gehen, um zu essen. Außerdem hatten wir kein Wasser und konnten uns nicht duschen.

**Track 31 — p.50**

1 a **F1**: Guten Tag. Können wir bitte hier zelten? Wir möchten bis Sonntag bleiben und sind nur zu zweit.

**M1**: Ja natürlich, es gibt noch viele Plätze.

1 b **M1**: Für zwei Personen kostet es achtzehn Euro pro Nacht. Ist das in Ordnung für Sie?

**F1**: Ja klar, das ist in Ordnung.

1 c **M1**: Haben Sie ein Auto? Dafür gibt es einen Zuschlag von fünf Euro. Man muss ebenfalls einen Zuschlag von drei Euro zahlen, wenn man einen Hund mitbringen möchte.

**F1**: Einen Hund haben wir nicht, aber ein Auto doch. Es ist das Blaue da drüben.

**M1**: Kein Problem.

1 d **F1**: Müssen wir jetzt schon bezahlen?

**M1**: Sie können am Ende des Aufenthalts bezahlen.

**F1**: Schön, dann machen wir das.

**Track 32 — p.52**

1 a **F2**: Hallo Olli. Was hast du im Urlaub gemacht?

**M2**: An einem Tag sind wir zu einem Freizeitpark gefahren, wo es eine große Eishalle gab. Ich bin dort drei Stunden Schlittschuh gelaufen.

1 b **F2**: Wie war das?

**M2**: Ich war am Ende ganz müde und mein Vater hat einen kleinen Unfall gehabt, aber er war nicht verletzt.

1 c **F2**: Hast du sonst noch etwas gemacht?

**M2**: Ich habe viele Sehenswürdigkeiten der Region besichtigt, die atemberaubend waren. Vor allem habe ich das Museum vom Zweiten Weltkrieg hervorragend gefunden, weil ich mich für Geschichte interessiere.

## Section 10 — Study and Employment

**Track 33 — p.54**

1 **M1**: Wir haben montags und dienstags Sport. Das ist genug, glaube ich. Ich finde Sprachen viel schwerer als Mathe. Ich mag vor allem Mathe und hasse Französisch.

**F1**: Für mich ist Donnerstag der beste Tag der Woche. Die erste Stunde ist Geschichte, die ich liebe, und am Ende des Tages haben wir Theater.

**Track 34 — p.55**

1 a **F1**: Ich bin hier auf der Straße und will ein paar Schülern einige Fragen stellen. Guten Tag. Wie seid ihr heute in die Schule gekommen?

**F2**: Ich bin zu Fuß gekommen, weil es nur zehn Minuten sind.

1 b **M2**: Ich bin mit dem Bus gekommen und war spät dran. Ich bin erst um Viertel vor neun ins Klassenzimmer gegangen. Der Lehrer war sauer.

1 c **F1**: Und wie lange dauert eine Unterrichtsstunde?

**M2**: Mittwochs haben wir nur drei Stunden, aber jede Stunde dauert neunzig Minuten.

1 d **F1**: Was macht ihr nach der Schule?

**F2**: Heute Abend werde ich in den Handballklub gehen und hinterher zu meiner Freundin. Wir werden zusammen Hausaufgaben machen.

**M2**: Ich mache keine AGs und mag Sport nicht.

**Track 35 — p.57**

1 **M1**: Eine Umfrage unter Schülern zwischen elf und sechzehn Jahren zeigt, dass sich viele Schüler in diesem Alter gestresst fühlen. Sie leiden unter Druck. Ihrer Meinung nach haben sie einfach zu viel Schularbeit. Der Stressfaktor Nummer eins ist Hausaufgaben. Sie nennen auch unnötigen Druck von den Lehrern.

Ein Drittel wohnt sehr weit von ihrer Schule und muss ganz früh aufstehen, um dort hinzufahren. Nach der Schule sind sie äußerst müde.

Die Kinder klagen, dass sie zu wenig Zeit für Sport und andere Freizeitaktivitäten haben. Fast die Hälfte der Kinder meint auch, dass sie mehr Zeit brauchen, um alleine in der Schule zu lernen.

**Track 36 — p.59**

2 a **F2**: Einige Berufe erfordern bestimmte Eigenschaften oder Fähigkeiten. Zum Beispiel soll meiner Meinung nach ein guter Friseur kreativ und freundlich sein.

2 b **M1**: Meine Mutter ist Lehrerin und sie spricht fließend Englisch. Sie muss gut informiert und geduldig sein.

2 c **F1**: Ich will Bauarbeiterin sein und ich denke, dass eine gute Bauarbeiterin stark und fleißig sein muss.

2 d **M2**: Mein Bruder ist Verkäufer und er muss immer höflich und hilfsbereit sein.

## Section 11 — Literary Texts

**Track 37 — p.62**

4 a **M2**: Meine Hände liegen auf der Sofalehne; jetzt mache ich es mir bequem und ziehe auch die Beine hoch.

4 b **M2**: Das kleine Fenster ist geöffnet, es zeigt das vertraute Bild der Straße, mit dem aufragenden Kirchturm am Ende.

4 c **M2**: Ein paar Blumen stehen auf dem Tisch. Federhalter, Bleistifte, eine Muschel als Briefbeschwerer, das Tintenfass – hier ist nichts verändert.

# Transcripts